中国财政科学研究院研究生教学参考书系列

U0499863

马洪范／著

XINSHIDAI ZHENGFU YUSUAN

GUANLI CHUANGXIN

新时代政府预算管理创新

政府预算是资源配置的计划工具，是国家利益的实现方式，是国家治理的重要利器。将严明的法律、健全的制度、科学的治理、正义的秩序、先进的技术与优秀的文化融合起来，汇聚成强大持久的预算善治的力量，推动现代化的政府预算早日全面实现。

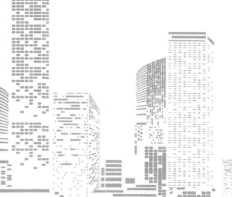

中国财经出版传媒集团

经济科学出版社

Economic Science Press

北京

图书在版编目（CIP）数据

新时代政府预算管理创新/马洪范著．－－北京：
经济科学出版社，2024.4
（中国财政科学研究院研究生教学参考书系列）
ISBN 978 - 7 - 5218 - 5851 - 8

Ⅰ.①新… Ⅱ.①马… Ⅲ.①国家预算 - 预算管理 -
中国 - 研究生 - 教学参考资料 Ⅳ.①F812.3

中国国家版本馆 CIP 数据核字（2024）第 083814 号

责任编辑：于　源　陈　晨
责任校对：靳玉环
责任印制：范　艳

新时代政府预算管理创新

马洪范　著

经济科学出版社出版、发行　新华书店经销
社址：北京市海淀区阜成路甲 28 号　邮编：100142
总编部电话：010 - 88191217　发行部电话：010 - 88191522
网址：www. esp. com. cn
电子邮箱：esp@ esp. com. cn
天猫网店：经济科学出版社旗舰店
网址：http://jjkxcbs. tmall. com
北京季蜂印刷有限公司印装
710×1000　16 开　12 印张　150000 字
2024 年 4 月第 1 版　2024 年 4 月第 1 次印刷
ISBN 978 - 7 - 5218 - 5851 - 8　定价：48.00 元
（图书出现印装问题，本社负责调换。电话：010 - 88191545）
（版权所有　侵权必究　打击盗版　举报热线：010 - 88191661
QQ：2242791300　营销中心电话：010 - 88191537
电子邮箱：dbts@ esp. com. cn）

前　言

　　党的十八大之后，中国特色社会主义进入新时代。2013 年 11 月，党的十八届三中全会将财政定位为"国家治理的基础和重要支柱"，提出要"深化财税体制改革，建立现代财政制度"，并部署了"改进预算管理制度""完善税收制度""建立事权和支出责任相适应的制度"三项重点任务。2017 年 10 月，党的十九大确立了从 2020 年至 21 世纪中叶的"两步走"战略，要求"建立全面规范透明、标准科学、约束有力的预算制度，全面实施绩效管理"。2022 年 10 月，党的二十大开启了全面建设社会主义现代化国家新征程，强调"健全现代预算制度，优化税制结构，完善财政转移支付体系"。十多年来，财政改革全面发力、多点突破、纵深推进，基本建成了现代财政制度框架。

　　预算是财政的核心。在加快建立现代财政制度的过程中，我国政府预算管理改革取得了决定性成果。从制度层面看，修正《预算法》为建立现代预算制度奠定了法律基础，人大预算审查监督重点向支出预算和政策拓展，政府预算体系进一步完善，预算控制方式不断改进，预算编制和执行管理更加规范，"全方位、全过程、全覆盖"的预算绩效管理全面实施，预算公开制度化常态化，预算管理的透明度、规范性、统筹力和绩效水平显著提升。从技术层面看，建立了财政资金直达机制，零基预算、参与式预算、竞争性分配等预算工具得到试点和运用，大数据、人工智能等新一代信息技术在预算管理中发挥出积极作用，数字人民币开始引入并不断拓展预算、国库等财政应用场景，推动预算治理效能提升取得新成就。

放眼世界，在任何一个国家，建立现代预算制度都不是一件轻松的事。英国为此付出数百年的努力，从1215年签订《大宪章》，到1782年建立政府采购制度、1787年建立国库单一账户制度，直到19世纪60年代现代预算制度才基本成型。在美国，整个20世纪就是建立现代预算制度的世纪，从20世纪20年代的分项排列预算，到1949年的绩效预算、60年代的规划项目预算、70年代的企业化公共预算与零基预算、80年代的平衡公共预算，直到90年代推行产出和结果导向的新绩效预算。这段历史，被美国史学界称为"第二次建国"。事实表明，每一个国家的预算制度现代化道路都是不一样的。从本国的实际出发，是建立现代预算制度的根本法则。

进入20世纪90年代中后期，我国财政改革的重点从收入分配转向预算管理领域。在建立公共财政基本框架的过程中，现代预算理念得到普及和推广，为新时代政府预算管理创新奠定了坚实的基础。党的十八大之后，以经济领域为主的改革正式过渡到全面深化改革，我国走出了单纯依靠经济体制改革的旧模式，不断统筹推进政治、经济、文化、社会、生态文明等全方位改革。从理论上讲，任何一个现代化国家的预算，都不是单纯的经济技术事务，而是关乎经济发展、社会稳定和国家兴衰的大事，不仅为国家政权提供财力保障，还承担着完善诸多重要领域尚未完成的国家建设等任务。这种现代预算的逻辑从高度、广度、深度上超越了公共财政的界限，更能适应全面建设社会主义现代化国家的客观需要。

新时代孕育新机遇，期待新发展，但也需要应对新挑战。受美国"次贷危机"、欧洲主权债务危机、贸易保护主义、地缘政治冲突等多重因素的影响，全球经济进入"新平庸期"（拉加德，2014），"百年未有之大变局"加速演进，我国发展面临的风险挑战、矛盾问题更加严峻，政府预算管理的外在环境及内在条件都变得错综复杂起来。从实际情况看，虽然新时代预算管理工作取得了明显成效，但对照健全现代预算制度的目标要求，在预算统筹力度、预算支出管理、预算控制与约束、财政可持续性等方面仍存在一些突出问题，涉及中央与地方、财政与部门、政府与市场、国家与社会等诸多领域，需要从国家层面采取综合性措施，谋划预算现代化的更大进步。

历史是最好的教科书。历史告诉我们，面对时代赋予的使命与任务，唯有改革者进，创新者强，实事求是者胜。在理论与实际相结合的基础上，系统总结与科学阐释新时代政府预算管理创新成果，有利于汲取历史经验教训，对于健全现代预算制度、开创中国式预算现代化道路也有益处。真心期待更多的实践工作者和理论研究者都来关注政府预算现代化，助力除旧布新，坚持久久为功，推动现代化国家建设，向着第二个百年奋斗目标迈进。

目 录
ntents

导论　预算的现代化与现代化的预算

现代化①是人类社会近代以来发生的最为重大的变化，首先是在少数国家率先实现从农业社会向工业社会、农业经济向工业经济、农业文明向工业文明的转变，继而扩展至全世界，绝大多数国家或主动或被动地卷入其中。预算与国家具有天然的紧密联系，国家的现代化客观上要求预算的同步现代化。可以说，建立现代化的预算是近代世界现代化进程中的一个重要话题。1840年后，中国被动卷入现代化的潮流之中，历经"百年屈辱"，于1949年新中国成立之后开启了主动现代化的历史征程。通过持续不懈的艰苦奋斗，特别是改革开放以来各方面的快速发展，我国不仅取得了举世瞩目的经济奇迹，在预算现代化方面也取得了实质性进展，但是也还存在诸多现实难题，亟待建立健全现代化的预算，为全面建设社会主义现代化国家、全面推进中华民族伟大复兴奠定更加坚实的基础。

---

① 一般而言，现代化包括学术知识上的科学化、政治上的民主化、经济上的工业化、社会生活上的城市化、思想理念的自由化和民主化、文化上的人性化等。

一、我国预算现代化的历史机遇

国民政府时期，我国对建立现代预算制度有了初步探索。新中国成立之后，特别是改革开放以来，我国预算制度经历了一系列深刻变革，为推进经济的市场化和国家治理的现代化作出了积极贡献。

（一）战争年代的学术梦想

在我国，预算现代化的第一次历史机遇，是中国人自己创造出来的。1948 年，著名经济学家马寅初[①]在《财政学与中国财政——理论与现实》（商务印书馆 1948 年版）这本著作中提出了较为系统的现代预算理念。

马寅初认为："一切收支均应集中统一于金库，凡政府之收入，应由金库直接代理，凡政府之支出，均应由金库直接拨付"；"一切税款收入，大都由各征收机关向纳税人收取自行保管，然后汇解国库。一转手间，不免发生流弊"；"一切经费须由收入总存款拨入普通经费存款或特种基金存款后始得支出，而各机关接到支付书时，公库仅予以转账，由公库收入总存款项下拨入各该机关经费存款户，并不支付现金。至该机关有实际需要付款时，则以支票为之，由持票人向库兑取现金，如是支出机关由领到支付书以至经费支出，始终不见现金，而舞弊者无可施技矣。"[②] 仔细翻阅马寅初的这本财政学著作，我们可以清晰地发现，马寅初

---

① 马寅初（1882～1982），著名经济学家、教育家、人口学家，1906 年赴美国留学，获耶鲁大学经济学硕士、哥伦比亚大学经济学博士。新中国成立后，曾任中央人民政府委员、政务院财经委员会副主任、北京大学校长等职。

② 马寅初：《财政学与中国财政——理论与现实》（上册），商务印书馆（2001年10月按照1948年版重排），第103～106页。

在 1948 年即已形成了关于部门预算、国库集中收付、政府会计、预算监督等方面的先进管理理念，提出建立现代预算制度的系统构想。他既熟悉西方国家特别是美国的预算管理制度设计，又具备在北洋政府、南京国民政府从事财政工作的实践经验。因此，对政府预算有着清晰、超前的认识。这是中国人第一次提出现代化的政府预算理念。可惜的是，由于特殊的历史原因，这次机遇与中华民族擦肩而过。

（二）改革开放的制度飞跃

党的十一届三中全会之后，我国开启了改革开放的伟大进程。在推动市场化公共化法治化改革的过程中，迎来了预算现代化的新机遇。

1994 年，上海市政府获得世界银行的一笔软贷款。在签署合同时，上海市领导发现世界银行提出一个非常奇怪的条件，即上海市政府在使用美元贷款购买商品或劳务时，如果超出一定的金额，需要通过政府采购程序购买，而且不用支付现金，只需要把供货商的银行账户提交给世界银行总部，由他们的工作人员从华盛顿直接把美元支付给供货商或劳务提供者。

在当时的上海，预算单位采购商品或劳务的通行做法是自行采购、现金支付，世界银行贷款协议中的关于购买与付款方面的规定不符合我国的实际。在拿到贷款协议文本之后，上海市相关领导咨询了财政部能否签约的意见建议。正是此次机缘，将国外通行的政府采购、国库集中收付等制度理念信息传递到国家财政决策领导层。在答复上海市领导可以与世界银行签署贷款协议之后，财政部当即安排相关人员去学习与研究美国政府采购及预算管理的具体做法。

1995 年 3 月，上海市第一次对大额财政拨款购置设备实行集中采购招标，率先在市级卫生医疗单位试行①。这一事件轰动全国，因此上海市成为我国最早试行政府采购的城市。但是，上海市的试点并没有使政府采购制度作为一项全国性的改革步入实践。真正使政府采购制度改革正式提到议事日程的是我国关于向亚太经济合作组织（APEC）成员开放政府采购市场的承诺。

1995年，APEC部长级会议和领导人非正式会议通过《大阪行动议程》，将政府采购列为APEC贸易投资自由化与便利化的15个具体领域之一。在当时APEC的18个成员中，除我国外，其他成员都建立了政府采购制度。在此次会议上，我国领导人明确承诺，中国最迟在2020年之前向APEC成员对等开放政府采购市场。此次会议后，国务院要求尽快建立政府采购制度。

1996年，政府采购制度改革试点在上海、深圳及河北陆续展开，并于1998年推向全国。此后，我国财政制度改革的重心从收入分配转向预算管理，相继启动部门预算、国库集中收付、政府收支分类、"收支两条线"管理、"金财工程"建设、政府会计制度、财政资金绩效评价及预算绩效管理等一系列改革。这些改革的共同使命，是要建立一套高效率的、科学编制政府预算、保证预算收支严格按预算执行的、不会产生挪用财政资金机会的

---

① 1995年3月31日，上海市财政局、卫生局联合签署《关于市级卫生医疗单位加强财政专项修购经费管理的若干规定》，对已批准立项的项目，预计价格在500万元以上的采购项目，实行公开招标采购；500万元以下的项目实行非招标采购形式，询价采购的供货方不能少于3家；100万元以上的项目，政府要参与立项、价款支付、验收使用、效益评估等管理过程。在上海市胸科医院专项医疗设备采购中，由财政、购置设备申请单位和设备专家三方成立了招标小组。设备申请单位提供设备的规格型号、性能、用途、质量、价格、售后服务等方面要求；设备专家对申请单位提供的各项指标进行论证；财政负责对事业发展的需要及财力的可能方面进行审定。此次招标共吸引了5家世界著名医疗设备制造商前来参与竞标，最后西门子公司凭借先进技术、适中价格而一举中标，按中标金额计算可节省外汇5万美元，节约率为10.4%。同时，西门子公司还赠送了价值数万美元的光盘等配件，大大提高了整机的装配效率。

相互制约和监督的预算制度体系。

时至今日，上述系列改革取得的成果已被充分吸纳并写进《中华人民共和国预算法》（以下简称《预算法》）的具体条款之中。应当看到，由于具体国情的约束和传统模式的惯性影响，我国预算管理法治化、科学化、完整性、公开性与透明度仍须改进，资金绩效依然需要提高。从发展的眼光看，我国预算制度改革在完成一系列基础性工作之后，亟待通过更深层次的制度优化与体制调整，最大限度地实现资源最优配置，提升预算管理效能，更好地推动我国经济发展与社会进步。

二、新时代的国家治理现代化

2013 年 11 月，党的十八届三中全会明确提出"推进国家治理体系和治理能力现代化""财政是国家治理的基础和重要支柱""建立现代财政制度"等改革目标和重要论断，我国迎来了预算现代化新一轮的历史机遇。

（一）第五个现代化

从 1949 年中华人民共和国成立到 1954 年，毛泽东、周恩来等党和国家领导人逐步提出实现"现代化的工业、现代化的农业、现代化的交通运输业和现代化的国防"的设想。1964 年底到 1965 年初召开的第三届全国人民代表大会第一次会议宣布了"四个现代化"的宏伟目标，要在不太长的历史时期内，把我国建设成为一个具有现代农业、现代工业、现代国防和现代科学技术的社会主义强国。经过新中国第一个 30 年的艰苦奋斗，在强敌环伺的环境中，建立了门类齐全、独立完整的现代工业体系，把中国从农业国建成为工业大国。改革开放之后，我国进入快速发展的新阶段。2010 年我国经济总量首次超过日本，成为全世界第二大经济体。2013 年我国工业生产总值首次超过美国，成为世界第一制造大国。

从根本上讲，"四个现代化"是生产力的现代化。马克思主义基本原理告诉我们，在生产力的发展进程中，如果生产关系不能同步实现现代化，将成为生产力进一步发展的阻力。2013 年 11 月，习近平总书记在党的十八届三中全会上提出新中国的第五个现代化，"国家治理体系和治理能力现代化"①。从理论上看，第五个现代化与前四个现代化的区别之处非常明显，它不能像前四个现代化一样在工厂的车间里面生产出来。可以说，第五个现代化是生产关系的现代化，其主旨在于促进生产力的进一步现代化。其中，预算的现代化是第五个现代化的核心内容。

（二）全面规范透明的主基调

政府预算是落实各项财税政策、有效发挥财政职能作用、促进经济社会事业健康发展的基础和保障。党的十八届三中全会关于预算管理的论述非常具体详尽："改进预算管理制度。实施全面规范、公开透明的预算制度。审核预算的重点由平衡状态、赤字规模向支出预算和政策拓展。清理规范重点支出同财政收支增幅或生产总值挂钩事项，一般不采取挂钩方式。建立跨年度预算平衡机制，建立权责发生制的政府综合财务报告制度，建立规范合理的中央和地方政府债务管理及风险预警机制。完善一般性转移支付增长机制，重点增加对革命老区、民族地区、边疆地区、贫困地区的转移支付。中央出台增支政策形成的地方财力缺口，原则上通过一般性转移支付调节。清理、整合、规范专项转移支付项目，逐步取消竞争性领域专项和地方资金配套，严格控制引

---

① 《中共十八届三中全会在京举行 习近平作重要讲话》，载于《人民日报》2013 年 11 月 13 日。

导类、救济类、应急类专项，对保留专项进行甄别，属地方事务的划入一般性转移支付。"

认真学习上述论述，我们可以发现，党的十八届三中全会从制度构建的原则、预算的审核、清理挂钩事项、跨年度预算平衡机制以及完善一般性转移支付增长机制的各个方面都进行了具体部署，确立了全面规范透明的预算主基调。这不仅仅是 1998 年以来我国预算管理改革所凝聚起来的制度共识，而且也是破解预算管理面临多重挑战的利器，同时也为 2014 年成功修正《预算法》清除障碍和铺平道路。与上述论述相比，党的十九大报告提出"建立全面规范透明、标准科学、约束有力的预算制度，全面实施绩效管理"29 个字方针，在"全面规范透明"的基础上新加入"标准科学、约束有力"的要求，并且强调实施绩效管理，也是对全面规范透明的预算主基调的肯定、延续和发展。

（三）预算法定

2014 年 8 月 31 日，十二届全国人民代表大会常务委员会第十次会议表决通过《关于修改〈中华人民共和国预算法〉的决定》，修改后的《预算法》为我国建立完整预算、科学编审、规范执行、严格问责和公开透明的现代化预算指明了方向，确立了具有实质性意义的预算法定原则。

预算法定原则是指政府均必须依法编制预算、执行预算，未经法定程序不得随意变更，否则就要承担相应的法律责任。从形式上讲，经立法机关批准通过的预算就具有法定效力，行政机关只能在预算范围内执行，不得擅自改变，尤其是不得突破预算规定的支出限额。从实质上讲，立法机关在预算支出金额、支出目的、支出期间、支出优先性的顺序等方面赋予执行机关一定弹性空间，以协调预算与现实的矛盾。在此基础上，对预算审查和控制重心实现转移，不仅要审查预算科目内部的安排，而且注重预算决策与外部因素的关联；不仅要求预算执行者的支出行为获得初始授权，更要确保事后的运作过程具有可持续的正当基础。

在 2014 年对《预算法》进行修改之前，立法机关审查监督政府预算的重点主要是赤字规模和预算收支平衡状况，对支出预算和政策关注不够，对财政资金使用绩效和政策实施效果关注不够。2018 年 3 月 6 日，中共中央办公厅印发《关于人大预算审查监督重点向支出预算和政策拓展的指导意见》，这是建立全口径预算审查和全过程预算监管的一项重大举措，有助于从根本上彻底消除"预算外"资金和"监督外"预算等不规范行为。

合理划分中央与地方财政事权和支出责任是政府有效提供基本公共服务的前提和保障，是推进国家治理体系和治理能力现代化的客观需要，也为建立健全现代化的预算奠定更加科学完善的体制基础。根据党的十八大和十八届三中、四中、五中全会提出的建立事权和支出责任相适应的制度、适度加强中央事权和支出责任、推进各级政府事权规范化法律化的要求，2016 年 8 月 16 日，国务院颁布《关于推进中央与地方财政事权和支出责任划分改革的指导意见》，拉开了建立科学规范政府间关系、完善国家治理结构这样一项基础性、系统性工程的帷幕，将预算法定提升到一个新的更高平台。

（四）为国家治理现代化奠基

2019 年 10 月 31 日，党的十九届四中全会审议通过《中共中央关于坚持和完善中国特色社会主义制度 推进国家治理体系和治理能力现代化若干重大问题的决定》。其中，第五部分"坚持和完善中国特色社会主义行政体制，构建职责明确、依法行政的政府治理体系"，从优化政府职责体系的角度要求"健全以国家发展规划为战略导向，以财政政策和货币政策为主要手段，就业、产业、投资、消费、区域等政策协同发力的宏观调控制度体系。完善国家重大发展战略和中长期经济社会发展规划制度。完善标准科学、规范透明、约束有力的预算制度"；从充分发挥中央和地方两个积极性的角度要求"优化政府间事权和财权划分，建立权责清晰、财力协调、区域均衡的中央和地方财政关系，形成稳定的各级政府事权、支出责任和财力相适应的制度"。在第六部分"坚持和完善社会主义基本经济制度，推动经济高质量发展"中关于"坚持按劳分配为主体、多种分配方式并存"的论述，提出"健全以税收、社会保障、转移支付等为主要手段的再分配调节机制，强化税收调节，完善直接税制度并逐步提高其比重"。在第十四部分"坚持和完善党和国家监督体系，强化对权力运行的制约和监督"，提出"深化标本兼治，推动审批监管、执法司法、工程建设、资源开发、金融信贷、公共资源交易、公共财政支出等重点领域监督机制改革和制度建设，推进反腐败国家立法，促进反腐败国际合作，加强思想道德和党纪国法教育，巩固和发展反腐败斗争压倒性胜利"。

可以说，党的十九届四中全会从顶层设计层面构建了国家治理现代化的总体架构，在预算和财政领域明确了基础性支撑性制度建设部署。预算管理改革在为国家治理现代化奠基，同时也在为国家治理现代化开辟道路。党的十九届四中全会关于预算制度的表述更加简明扼要，"完善标准科学、规范透明、约束有力的预算制度"，与之前的表述相比，从"实施""建立"调整为"完善"，尽管只有两字之差却表明了党的十八届三中全会所绘制的现代预算制度蓝图已经落到实处，从初步建设走向日益完善的阶段。这既反映出全面深化改革的阶段性胜利，也表明在建立面向国家治理现代化的预算制度过程中，需要不断完善制度标准，提升制度建设的质量。

进入中国特色社会主义新时代以来，随着党和国家对财政的理解从现代生产、宏观调控扩展至国家治理，建立治理型现代预算制度体系，是我国预算现代化的一次重大飞跃。

三、建立健全现代化的预算

从历史上看，任何一个国家的预算现代化之路，都不是一条笔直的平坦大道，无不充满着坎坷、曲折，乃至反复与退步。从我国实际看，建立健全现代化的预算尚面临着诸多困难与挑战。预算完整性、科学性、严肃性不够，财政资金的安全性、规范性、有效性保障不力，预算监督与问责薄弱，软预算约束普遍存在；税制结构不完善，税收调节分配的功能偏弱，税收法治化程度亟待提高；中央与地方事权与支出责任划分不清晰、不规范、不合理，转移支付制度不健全、不完善，地方政府债务风险不容忽视、地方财政可持续能力令人担忧。上述系列现实问题的解决，还需一步一个脚印去落实。

如何建立健全现代化的预算？笔者的理解是，就如同建造一栋现代化的大楼，首先要打好"地基"，其次是在"地基"之上搭建起支撑整个"大厦"的主要"支柱"。如果"地基"没打好，"支柱"没搭建起来，就忙着"装门窗"和"修饰室内"，结果只会适得其反。现代化的预算"大厦"的"地基"是信息，而在这个"地基"之上，要牢固树立六根"支柱"，一是权力，二是利益，三是制度，四是技术，五是组织，六是文化。"一个地基，六根支柱"这七个要素，是建立健全现代化预算的基本渠道。

（一）夯实现代预算的"地基"

2000 年，美国学者阿尔弗雷德·D．钱德勒①出版了一本专著《信息改变了美国：驱动国家转型的力量》②。他在书中反思了一个问题，为什么美国是世界上唯一的超级大国？他认为，不是因为美国有航空母舰，也不是因为美国有转基因技术，而是因为美国建造了国家治理最牢固的基础设施，即信息高速公路及其网络体系。钱德勒提出："信息以前是、今后仍然是一个国家基础设施中几乎看不见的组成部分。"高楼大厦、机场铁路是基础设施，我们每天工作产生的各类信息也是治理国家重要的基础设施。实践中，很多人对各类信息包括财政收支信息却熟视无睹。

在笔者看来，一切行为，都会留下相应的信息。一切需求，也都有赖于充分的信息才能变成现实。无论是过去，还是现在，信息都是一个国家的重要基础设施之一。它是分割权力的基础，也是行使权力的前提；它是利益的具体反映，也是利益兑现的重要工具；它是制度的依托，也是制度控制的桥梁。可以说，信息不是可有可无，而是紧密联系着政治、经济与社会的不可或缺的基础性要素。从某种意义上讲，人类的发展史就是一部信息处理变革史，预算发展史就是一部预算信息处理变革史。

科学的预算决策必须建立在充分的数据基础上，统一财政基础数据信息管理是现代预算的"地基"。财政部门必须将大量的分散在各个预算单位的基础信息和财政数据集中统管起来，适时

---

①　阿尔费雷德·D. 钱德勒（Alfred D. Chandler Jr.，1919～2007 年），哈佛大学商学院研究生院 Strauss 商业史荣誉教授，著有《战略与结构》《看得见的手》《规模与范围》等，曾获普利策奖和班克洛夫特奖。

②　该书讲述了 19 世纪晚期到 20 世纪美国经济社会发展变化进程中因为信息而发生过的史诗般的传奇故事。"美国人认为，了解真相是一个公民应尽的义务，只有了解真相，他们才能选择英明的管理者，才能保证官员和政府在其合理合法的范围之内行使职权。"从这一角度而言，信息成为 300 年来推动美国转型的重要力量。

更新，不仅能摸清财政底数，而且能辅助支出部门及预算单位理清事权。有了财政基础数据信息平台，财政部门就像有了一双神奇的"眼睛"，直接掌握到辖区范围内的街道保洁、公共厕所、垃圾箱乃至一草一木的具体情况，而且可以很直观地在电脑上展现出来。财政用"眼睛"看到了实实在在的数据，才能用"脑袋"做出实实在在的决策。人员经费、公用经费、财政补助等看似简单的一笔笔支出，如何用到位，花出绩效来，实在是一门大学问。它是社会公众最想知道、人大代表高度关注的财政话题，也是摆在财政部门面前的重要治理任务。要交出满意的答卷，就必须实现财政信息的统一集中动态管理。

（二）搭建现代预算的"支柱"

现代化的预算"大厦"，不仅需要打好信息"地基"，还需要在此基础之上搭建六根"支柱"。

（1）权力。科学配置各项财政资源的分配权、审批权、管理权、使用权、监督权、问责权，是确保财政资金安全性、规范性和有效性的根本所在，是建立健全现代化预算的核心任务。现实中，由于财政收支运行涉及的单位众多，需要在纵向五级政府之间，横向财政、支出部门及预算单位之间，科学合理地划分收税、收费、资产处置、发债、预算编制、预算审查批准、预算执行、预算监督、预算评价、预算公开、预算问责等权力。即便是在一个预算单位内部，也需要在其内设机构之间合理配置资金分配、管理、运用、评价、监督、问责等各项权力。这些权力如何形成科学系统的搭配，是决定预算制度体系能否健康运行的关键。有人认为，中央有决策权、地方没有，财政有分配权、部门没有。实际上，地方拥有中央所不具备的信息优势，部门拥有财政所缺少的信息优势。从一定意义上讲，信息优势等同于一种权力。地方和部门在具体使用这些财政资金的过程中，掌握着充分的信息，甚至可以凭借信息优势，倒逼高层级政府及财政部门以实现自己的目的。此种实例，绝不乏见。无论是预算权力的优化配置，还是信息优势的权力转化，我国都还有许多问题需要稳妥化解，这是建立健全现代预算不容回避的重要议题。

（2）利益。预算管理从资金收缴到支出拨付再到管理使用的链条非常长，每涉及一个行为主体，包括部门、机构、企业甚至个人，都有自己的利益，有些是合法的，有些是非法的，有些是显性的，有些是隐性的。现代化的预算应在有效甄别各方利益的基础之上，规避与摒弃相关行为主体的非法利益，充分保障其合法利益。然而，我们生活的这个世界是信息不对称的，谁也不会把自己的利益写在脸上，常常是隐藏在见不到阳光的地方。这一状况迫使我们采取措施去打破信息不对称。可供选择的方法有：健全会计核算、财务报告制度，开展绩效评价与问责，建立全过程预算监督体系等。其中，建立科学、规范的利益表露机制，让各利益相关方公开、充分地表达自身利益，是建立健全现代化预算的重要任务。在这一领域，我们尚有很多事情要做。

（3）制度。从信息视角来看，世界各国的预算模式大致可以分成三种类型：黑箱型，问责型，阳光型。黑箱型的预算，是小民主，凡是进入"黑屋子"的人或机构，都可以享受民主，"屋外"的人或机构是没有民主可言的。问责型的预算，是中型民主，没有进入"黑屋子"的人或机构可以通过问责分享到一部分民主权利。阳光型的预算，是大民主，公开、透明、参与性最强。现实中，任何一个国家的预算模式都不是纯粹的某一种类型，而是三种类型的有机融合，既有黑箱，也有问责，还有民主。世界范围内现代化预算变革的大趋势是打破黑箱，逐步走向问责和民主。我国也不能例外。

（4）技术。直至300年前，人类的信息处理能力依然非常有限，信息服务的对象范围很小，信息民主程度也极其低下。工业革命之后，铁路、火车、电力、电报、电话的发明与应用，才奏响了信息时代到来的前奏。真空电子管技术的问世，将信息流从电线中解放出来，并使信息不再局限于文字形式，借助于迅猛发展的信息及网络技术，极其迅速地从根本上改变了整个社会。当然，信息技术也改变了预算。越来越多的手工完成的预算业务，现在已经通过计算机、网络等信息技术实现了自动化，预算及财务信息汇集、整理、挖掘、监控等效能显著提高，为预算科学决策提供了更加客观、充分的依据。信息技术正逐步在预算管理中得到广泛应用，赋予了政府预算这个复杂巨系统[①]一个健全的"脑"、敏锐的"眼"、强壮的"心脏"、完善的"血管"以及勤快的"手"与"脚"，从而引发预算管理的一系列重大变革。这些变革从信息理论与信息技术诞生后不久就已兴起，至今尚在进行之中，当然也还有许多问题需要我们继续创新思维、运用先进技术手段去破除和化解。

（5）组织。再大的权力，再好的制度，再先进的技术，也是由人具体运用。三个人就可以构成一个组织。政府公共机构少则几十人，多则数千上万，构成了一个复杂的组织体系。在农业社会、工业社会和信息社会，预算组织结构是不一样的，尤其是在今天，通过运用信息技术和网络技术，预算组织日益扁平化和网络化。不同的组织模式，会带来不同的工作绩效。近20多年来，财政部门一直在努力建设"金财工程"并推进到预算管理一体化

---

① 复杂巨系统这一概念最早由钱学森、于景元、戴汝为于1990年提出，详见《一个科学新领域：开放的复杂巨系统及其方法论》，载于《自然杂志》1990年第1期。按照系统科学对于系统的分类，若一个系统的子系统数量非常庞大，且相互关联、相互制约和相互作用关系又非常复杂并有层次结构，通常称作复杂巨系统，如生物体系统、人体系统、人脑系统、社会系统等，政府预算系统也具有复杂巨系统的基本特征。

阶段，一级财政部门约有数十家信息技术企业参与提供各种软件硬件产品。实践中，遇到了一个非常现实的难题。这样一套复杂、庞大的一体化信息系统怎么来维护，谁来管理？财政干部能否胜任这项任务？是否具备相应的计算机专业水平？是否有信息工程管理的积极性主动性？现实的普遍做法是，相关信息技术企业派出自己的工作人员长期驻守在财政局，为信息系统提供服务和后续维护。这一做法能解决一部分问题，但也可能引发新的问题。比如，这些企业人员不是财政干部，但掌握预算信息，如何控制才能规避由此可能产生的风险？而这些人员所在的企业有可能在未来某一天破产，财政部门又应该如何应对？也有可能这些派驻的企业人员辞职了，财政部门如何约束他们来防范由此带来的不利影响？通过上述一系列问题的描述，我们可以看出，现代预算"大厦"的"肌体"里，已经有一个外来的像楔子一样的东西嵌入，这是信息时代预算管理面临的新问题新挑战，人工智能等新一代信息技术正在进一步加剧这些问题和挑战。信息技术是一把"双刃剑"，唯有通过完善组织体系才能在用其利的同时避其害。

（6）文化。涩泽荣一是明治维新时期日本大藏省的大藏少辅，他在这个职位上推动了日本预算制度的现代化。他在去世前写的自传体回忆录《论语与算盘》一书中告诉他的国人，每个人都要会打自己的算盘，盘算自己的利益，但是这个算盘不是靠手指来拨动，而是要靠《论语》来拨动，缩小《论语》与算盘间的距离是最紧要的任务。《论语》是什么？在涩泽荣一看来，是做人的底线、起码的良知。如果一个人丧失了良知，他对权力的运用、利益的索取，都极可能处于一种疯狂的状态之中，法律、制度、技术未必能够约束住他的行为。现实中，知法犯法的例子屡见不鲜。如果没有文化这个支柱做支撑，法律、制度以及现代化的信息技术所发挥的威力必将大打折扣。2013 年 11 月 26 日，习近平总书记到曲阜孔府和孔子研究院参观考察，强调指出"对历史文化特别是先人传承下来的道德规范，要坚持古为今用、推陈出新，有鉴别地加以对待，有扬弃地予以继承"①，实质提出了我国应采取妥当措施将现代文明与优秀传统文化有机结合的新任务新使命。将严明的法律、健全的制度、科学的治理、正义的秩序、先进的技术与优秀的文化融合起来，汇聚成强大持久的预算善治的力量，推动现代化的政府预算早日全面实现。

————————

① 《习近平：汇聚起全面深化改革的强大正能量》，载于《人民日报》2013 年 11 月 29 日 01 版。

第一章 预算法与预算法定

预算法是预算管理的根本遵循。我国首部《预算法》于 1994 年 3 月 22 日经八届全国人大二次会议审议通过，1995 年 1 月 1 日正式实施。《预算法》的颁布与实施，是新中国预算史上具有分水岭意义的重大事件。《预算法》规范了各级政府在预算编制、执行上的职责和权限，明确了各级人大对本级以及下一级预算的审查监督权限，使政府预算行为纳入法治化轨道。

一、我国预算法的制定与修正

1994 年之前，我国财政管理的法制层级较低，多是以"条例"形式存在。1951 年，中央人民政府政务院公布了《预算决算暂行条例》，规定国家预算的组织体系，各级人民政府的预算权，各级预算的编制、审查、核定与执行程序。1991 年，国务院发布《国家预算管理条例》，于 1992 年 1 月 1 日起施行，对于加强预算管理，强化预算分配、调控和监督职能，促进经济和社会的稳定发展起到了积极作用。然而，客观上也存在"条例"法规层级不高、效力有限等不足之处。

（一）首部预算法的诞生

1992年10月，党的十四大确立社会主义市场经济体制的改革目标。社会主义市场经济本质上是法治经济，预算管理必须在法治框架下构建和运行。为了规范政府收支行为，强化预算约束，加强对预算的管理和监督，建立健全全面规范、公开透明的预算制度，保障经济社会的健康发展，第八届全国人大二次会议审议通过了《预算法》，同时废除《国家预算管理条例》。1995年11月2日，国务院第三十七次常务会议通过《中华人民共和国预算法实施条例》（以下简称《预算法实施条例》），并于同年11月22日颁布实施。

1994年《预算法》是我国第一部正式规范预算行为的法律，使我国预算立法从行政法规上升到法律层面。《预算法》总结了中华人民共和国成立以来的预算管理经验，针对预算管理职权、预算收支范围、具体编制方法、执行审查和决算监督以及各级政府的责任都做了法律层面的规定；对全国人大及其常务委员会和地方各级人大及其常委会、国务院和地方各级政府、国务院财政部门和地方各级财政部门的预算管理职权作了明确规定；预算编制主要涉及一般经常性收支，关于预算外资金只做原则性规定，国务院另行规定预算外资金管理办法，各级政府加强预算外资金的管理；预算分为中央政府预算和地方政府预算，各级人大负责本级预算的审查和批准。首部《预算法》规范政府间财政转移支付，增强预算公开，理顺政府间财政关系，为分税制财政管理体制提供了法律支撑。

（二）预算法的修正过程

首部《预算法》是在税制分税制财税体制改革的背景下出台的，当时制定《预算法》的主要目的是强化预算自身的管理职能，对于政府预算所体现的政策效应、预算公开透明、预算绩效等内容涉及不多或根本没有涉及，初步形成了与社会主义市场经济相适应的公共财政基本框架，为后续修正预算法提供了可能。伴随着我国市场化改革进程的不断深化，政府预算进入以公共化为导向的全口径管理改革阶段。因此，在《预算法》实施两年后，1997 年全国人大即动议修正，但直到 2004 年才正式启动修法工作。2006 年，全国人民代表大会常务委员会预算工作委员会（以下简称"全国人大常委会预算工委"）牵头起草《预算法》修正案第一稿。2012 年 6 月，迎来对预算法修正案草案二次审议稿。2013 年 8 月，原定"三审"的《预算法》修正案草案"缺席"十二届全国人大常委会第四次会议。党的十八届三中全会后，四审稿于 2014 年 8 月经十二届全国人大常委会第十次会议审议并表决通过。历经三届人大、四易其稿、征求 30 余万条意见后，跨越十年的《预算法》修法工作尘埃落定。《预算法》的制定修正进程如表 1 - 1 所示。

表 1 - 1　　　　　　　《预算法》的制定修正进程

年份	内容
1994	3 月 22 日，第八届全国人大二次会议通过《预算法》
1995	1 月 1 日，《预算法》正式实施
1997	全国人大动议修改《预算法》
2004	第十届全国人大常委会将修改《预算法》列入立法规划
2006	全国人大常委会预算工委牵头起草《预算法修正案》第一稿
2009	第十一届全国人大常委会将修改预算法列入立法规划，重启修法；由全国人大常委会预工委、财政部、审计署等部门成立预算法修改领导小组
2011	11 月，国务院第 181 次常务会议讨论通过了预算法修正案草案；12 月，第十一届全国人大常委会第 27 次会议对草案进行初审
2012	6 月，十一届全国人大常委会第二十七次会议对预算法修正案草案二次审议稿进行审议；7 月，草案通过中国人大网向社会公开征求意见，共有 1.9 万人提出了 33 万条意见

年份	内容
2014	4月,十二届全国人大常委会第八次会议启动对预算法修正案草案第三次审议程序;8月11日,全国人大常委会法工委举办预算法立法前评估会议,邀请全国人大代表、中央部门、地方人大及财政部门以及有关专家学者就预算法实施后的影响进行评估;8月26日,第十二届全国人大常委会第10次会议对四审稿进行分组审议;8月31日,四审稿表决通过
2015	自1月1日起,新《预算法》正式施行
2018	12月29日,第十三届全国人民代表大会常务委员会第七次会议《关于修改〈中华人民共和国产品质量法〉等五部法律的决定》对《预算法》进行第二次修正,自公布之日起施行

二、2014年预算法修正的实践基础

自20世纪90年代中后期以来,各级财政部门在推行政府采购、部门预算、国库集中收付、政府收支分类、预算绩效评价与管理等改革过程中,积极探索政府预算现代化的有效途径和方式,取得了显著成效,为2014年《预算法》顺利修正奠定了实践经验基础。

(一)预算制度不断完善

在收入管理方面,逐步将所有政府性资金纳入预算管理,开始编制独立的政府性基金预算,规范政府收入筹措机制,提高政府财力使用的合规性、有效性。在社会保障基金管理方面,部署编报社会保险基金预算。在国有资本经营管理方面,初步形成了国有资本经营预算编制、执行和监督等协调沟通机制。在一般公共预算管理方面,完善基本支出的定员定额标准体系,对项目支出实施滚动管理和事前评审,不断优化财政支出结构,加大对公共服务领域的投入。

（二）预算执行力得到加强

在资金收付管理方面，全面实施国库集中收缴与集中支付，及时分析预算执行进度，提高预算支出执行的均衡性。在资金绩效管理方面，从选择重点项目推进支出绩效评价试点走向全过程预算绩效管理。在债务管理方面，逐步加强与规范地方政府性债务管理，有效防范和化解财政风险。在监督控制方面，推进监督关口前移，强化全过程监控，扩大向人大报送部门预算草案范围，细化报送人大审议的预算草案，并采取措施确保认真整改审计发现的问题。

（三）预算管理基础更加巩固

在预算基础工作方面，推进实物费用定额试点，加快项目支出定额标准体系建设，部门基础信息实现动态管理，完善财务会计制度，实施政府会计改革，调整完善政府收支科目体系。在基层财政预算管理方面，建立健全乡镇辖区内项目预算管理监督机制，加强对基层财政管理人员的培训。在信息化建设方面，建立流程通畅、业务协同、数据共享的一体化管理系统，加强对各类财政经济数据的统计分析，为预算决策提供可靠依据。

（四）预算信息公开取得显著进展

按照政府信息公开条例的要求，不断提高预算内容披露的详细程度。在范围上，公开财政收支预算、中央财政国债余额情况、政府性基金收支预算、中央国有资本经营预算收支情况等信息，完整地反映财政收支的总体情况。在内容上，基本做到按款级科目进行细化。在易读性方面，增加有关图表，加强解释和注释，通过新闻发布会、报纸、广播、电视、新媒体等各种方式对预算进行解读。

三、预算法的现代"蓝图"

党的十八大之后，在经历了改革开放 30 多年的快速发展，我国经济社会发生了重大而深刻的变化，客观上需要政府预算在功能上处理好政府与市场、中央与地方、财政与部门、国家与社会之间的关系，在管理上做到完整预算、科学制权、细化编制、严格审批、规范执行、讲求绩效、有效问责和公开透明。2014 年修正后的《预算法》在预算管理科学化、规范化、民主化、法治化等诸多方面取得了重大突破，具备了现代预算的基本要素，绘就了我国建立现代预算制度的"蓝图"。具体体现在以下八个方面。

（一）完整预算

《预算法》在删除有关预算外资金内容的基础上，规定政府全部收入和支出都应当纳入预算，分类编制一般公共预算、政府性基金预算、国有资本经营预算和社会保险基金预算，并对四本预算的功能定位、编制原则及相互关系做出规范。2014 年 11 月，《财政部关于完善政府预算体系有关问题的通知》要求加大政府性基金预算、国有资本经营预算与一般公共预算的统筹力度，加强一般公共预算各项资金的统筹使用。真正实现财政收支等于政府收支，彻底解决由于部分收支游离于预算管理之外而造成的财政资源配置低效率，甚至腐败等问题，以消除预算监管财政性资金的死角，提高预算管理的统一性和刚性，维护政府预算体系的完整性。

（二）科学制权

从法律条款的内容上看，《预算法》由总则、预算管理职权、预算收支范围、预算编制、预算审查和批准、预算执行、预算调整、决算、监督、法律责任等章节构成，规定了预算权在立法机关与行政机构之间、政府层级之间、财政部门与支出部门及其预算单位之间、政府与社会公众之间的配置及相互关系，明确预算编制权、审查批准权、执行权、调整权、监督权、问责权、知情权等权力依据、管理程序与办法，为立法机关、行政机构、财政部门、支出部门、预算单位、社会公众等各方主体有效履责用权提供了充分的法律保障，显著提升了预算管理中的科学制权水平。

（三）细化编制

按照《预算法》的规定，国家实行财政转移支付制度，上级政府在安排专项转移支付时，不得要求下级政府承担配套资金；经国务院批准的省、自治区、直辖市的预算中必需的建设投资的部分资金，可以在国务院确定的限额内，通过发行地方政府债券举借债务的方式筹措，这为各级地方政府、部门及预算单位科学编制预算奠定了法律制度基础。各级预算根据年度经济社会发展目标、国家宏观调控总体要求和跨年度预算平衡的需要，参考上一年预算执行情况、有关支出绩效评价结果和本年度收支预测，按照规定的程序征求各方面意见后，进行编制，通过运用预备费、预算周转金、预算稳定调节基金等工具提高预算编制的科学性。完善收入预算管理，将收入预算从约束性转为预期性，各级政府不得向预算收入征收部门和单位下达收入指标，避免为完成收入预算而征收过头税费、虚收空转等，同时严格规范超收收入使用管理。预算审核重点由平衡状态、赤字规模向支出预算和政策拓展，强化根据政策和实际需求编制支出预算的政策导向。充分发挥预算稳定调节基金的调控作用，视预算平衡情况，在安排下年度预算时调入使用，或用于弥补短收年份预算执行收支缺口。建立跨年度预算平衡机制，推进中期财政规划管理，分析预测重大财政收支周期情况，研究规划期内一些重大改革、重要政策和重大项目的政策目标、运行机制和评价办法，并做好收支测算；凡涉及财政政策和资金支持的部门及行业规划，与中期财政规划相衔接。

（四）严格审批

预算审查和批准是对各级政府编制的预算进行审查和批准的过程，是预算管理的法定环节之一，目的是确保预算的合法性、完整性和可行性，为预算的执行和监督提供依据。《预算法》规定了政府预算提交各级人大的具体时间期限及预算批复时限，要求采取多种方式组织人大代表听取选民和社会各界的意见，明确各级人民代表大会对预算草案及其报告、预算执行情况的报告的审查内容及重点，对预算的收支平衡、结构、绩效等方面进行全面审查，确保预算符合国家法律法规和政策要求，符合经济社会发展需要。在预算执行过程中，如果遇到特殊情况需要调整预算，必须经过严格的程序和审批。调整后的预算必须符合国家的法律法规和政策，并且要经过人民代表大会的审查和批准。

（五）规范执行

在预算执行环节，各级政府和各部门严格按照批准的预算执行，不得随意更改或超支。同时，加强对预算执行的监督和管理，确保预算的有效执行。按照《预算法》的要求，国家实行国库集中收缴和集中支付制度，对政府全部收入和支出实行国库集中收付管理，细化预算调整的内容、程序、方法及时间期限，并对一般公共预算年度执行中的超收收入使用进行严格约束与限制，只能用于冲减赤字或者补充预算稳定调节基金。各级人民代表大会和政府加强对预算的监督和管理，建立健全监督机制。同时，加强对预算执行情况的审计和检查，确保预算的合法性和规范性。

（六）讲求绩效

《预算法》特别强调绩效原则、绩效目标管理、绩效评价等理念，在预算编制、预算审查与批准、预算执行、预算监督、预算决算、财政转移支付、预算公开等事项上都明确要求讲求绩效，全面推动政府预算从收入型、重分配的制度模式转向结果导向、重管理监督的制度模式，使预算资金的安全性、规范性和有效性获得更好的法律保障。各级财政部门加快建立健全预算绩效管理机制，强化预算责任和绩效意识，加强绩效评价结果应用，将评价结果作为编制年度预算草案、调整支出结构、完善财政政策和科学安排预算的重要依据。2018 年 9 月，《中共中央 国务院关于全面实施预算绩效管理的意见》颁布实施，为构建全方位、全过程、全覆盖的预算管理体系指明了方向，将预算绩效管理改革推广到全国范围内、最基层政府中，讲求绩效成为全社会的共识。

（七）有效问责

《预算法》在追责、问责上的力度明显加大，问责情况分为四类行为，分别有不同的追责办法。各级政府及有关部门未依照规定编制、报送预算草案、预算调整方案、决算草案和部门预算、决算以及批复预算、决算，违反规定进行预算调整，未依照规定对有关预算事项进行公开和说明，违反规定设立政府性基金项目和其他财政收入项目，违法违规使用预算预备费、预算周转金、预算稳定调节基金、超收收入，违规开设财政专户，在责令改正的同时，对负有直接责任的主管人员和其他直接责任人员追究行政责任。各级政府及有关部门、单位未将所有政府收入和支出列入预算或者虚列收入和支出，违规多征、提前征收或者减征、免征、缓征应征预算收入，截留、占用、挪用或者拖欠应当上缴国库的预算收入，违规改变预算支出用途，擅自改变上级政府专项转移支付资金用途，违规拨付预算支出资金，办理预算收入收纳、划分、留解、退付，违规冻结、动用国库库款或者以其他方式支配已入国库库款，在责令改正的同时，对负有直接责任的主管人员和其他直接责任人员依法给予降级、撤职、开除的处分。各级政府、各部门、各单位违规举借债务或者为他人债务提供担保，或者挪用重点支出资金，或者在预算之外及超预算标准建设楼堂馆所，在责令改正的同时，对负有直接责任的主管人员和其他直接责任人员给予撤职、开除的处分。各级政府有关部门、单位及其工作人员违规改变预算收入上缴方式，以虚报、冒领等手段骗取预算资金，违规扩大开支范围、提高开支标准，以及其他违反财政管理规定的行为，在责令改正的同时，追回骗取、使用的资金，有违法所得的没收违法所得，对单位给予警告或者通报批评，对负有直接责任的主管人员和其他直接责任人员依法给予处分。

（八）公开透明

长期以来，人们普遍对政府预算望而生畏，或因预算的专业性强而看不懂，或因预算文本上的"机密""秘密""会后收回"等字样而胆怯。直到 2008 年 5 月，《中华人民共和国政府信息公开条例》（以下简称《政府信息公开条例》）施行，预算报告、决算报告被确定为政府信息公开的内容，结束了政府预算被视为国家机密、不予公开的状态，各级政府积极推动预算公开，向社会"摊开"自己的"账本"。《预算法》专门增加条款规定，除涉及国家秘密的事项以外，经本级人大或其常委会批准，预算、预算调整、决算、预算执行情况的报告及报表，应当在批准后 20 日内由政府财政部门向社会公开，并对本级政府财政转移支付的安排执行情况、机关运行经费的安排使用情况以及举借债务的情况等重要事项做出说明。2014 年 9 月，国务院印发《关于深化预算管理制度改革的决定》。2016 年 2 月，中共中央办公厅、国务院办公厅印发《关于进一步推进预算公开工作的意见》。至此，初步形成以新《预算法》《政府信息公开条例》为统领，以《关于深化预算管理制度改革的决定》《关于进一步推进预算公开工作的意见》等重要文件为指南的预算公开制度体系，实现了政府预算公开全覆盖，公开内容更加细化。

四、预算法定溯源与时代要义

预算法定，是指政府必须依照法律编制预算、执行预算，未经法定程序不得随意变更预算，如确需变更预算，必须经过法定程序的批准。预算法定的核心要义在于形成稳定的预算制度，确保预算制度不变形走样，以预算约束公权，充分体现民意。

（一）预算法定的兴起与发展

预算法定原则起源于世界上最早确立税收法定原则的英国。预算法定与税收法定的起步几乎是同步的，一个是控制政府的财政收入，另一个是控制政府的财政支出。早在 13 世纪的大咨政会，英国就已经确立控制君主支出的原则。英国通过《权利法案》《丹宁议案》《民事设立法》《统一基金法》等法律，在建立预算制度的同时，逐步确立了预算法定原则。1854 年，英国议会通过《公共收入统一基金支出法》，规定国内收入各部、关税部和邮局的所有年度收支预算必须提交议会；1866 年通过《国库和审计部法案》，形成了议会控制财政收支的制度框架。目前，英国预算权力在议会、内阁、审计署三个部门之间履行并相互制衡。内阁是最高行政机关，同时又是下议院的一个委员会，对政府预算负责；下议院具有批准预算方案的权力；审计署直接向下议院负责。

在英国之外的其他西方国家，预算法定原则确立相对较晚。美国在建国初期并没有现代意义上的预算，联邦宪法明确将征税权和支出权赋予国会，但预算制度混乱，税收不规范，支出效率低下，预算过程中的腐败现象非常普遍。1910 年塔夫脱总统组建经济与效益委员会，通过一系列的预算改革，国会的预算权力被弱化，总统和行政部门的预算权力得到加强。《1921 年预算与会计法》首次以法律的形式赋予总统在预算过程中的主导角色与地位，组建立预算局，为总统提供技术和信息上的支持，设立审计总署对总统和行政部门的预算权力进行制衡。20 世纪 60 年代至 70 年代，随着财政支出的大幅增加，出现了预算失控问题，国会通过《1974 年国会预算和截留控制法案》，将之前赋予总统的部分权力收归国会，成立新的参议院和众议院预算委员会，组建国会预算办公室，对政府和国会有关预算活动进行记录。20 世纪 70 年代以来，随着新公共管理运动的兴起，美国国会在 1993 年通过《政府绩效与结果法案》，强调预算权力的分散与下放，主张预算过程的公众参与，使总统与国会预算权力受到来自社会各界的监督。从美国预算制度的演进看，从最初的国会主导到分散为多个预算参与主体；在分散的基础上，从立法部门向行政部门转移，最终形成了相对均衡的状态。目前，现行预算制度基本处于一种相对稳定的状态。

（二）我国坚持预算法定的时代要义

在英美等西方国家，预算法定具有典型的三权分立色彩，是维护资产阶级统治阶层根本利益的工具。在我国，坚持预算法定与西方国家存在着本质性差异。我国的预算法定具有鲜明的人民民主特征，是实现全过程人民民主的基本手段。

制度是实践的总结，法律是制度的定型。实践是变化和发展的，制度也在不断演进，只有把经过实践检验的制度上升为法律，制度在执行过程中才能确保不变形。将政府的全部预算活动约束在法律框架下进行，预算编制遵循严格的管理规定和相关流程，预算报告和草案经立法机关审查批准方可实施，预算被批准后必须严格规范执行，接受立法机关、审计部门对预算执行情况的监督，社会公众可以通过立法机关和相应的法律程序监督政府预算行为，确保政府预算始终处在"一切依靠人民，一切为了人民，一切以人民为中心"的发展轨道之上。

更具体地讲，预算法定核心是对预算收入、支出、管理等权力的约束，并通过预算实现对公权力的约束。政府不具备盈利性，其收入必须通过吸纳公民或企业的收入来实现。除去筹集收入的活动，政府的一切其他活动，都包含着公共收入的运用。可以说，政府的一切活动都与预算有关。约束政府公权力的途径和手段有很多，但根本上是要约束住为公权力提供支撑的预算资金及其权力，管住了"钱"，就等于牵住了公权力的"牛鼻子"，这有助于国家治理现代化体系与能力的形成和完善。

第二章 人大预算审查监督

政府预算通过一定的政治程序来合理配置公共资源，为行政部门和国家经济社会活动提供资金保障。然而，预算远不止是钱的问题，更是行政部门能否实施国家战略部署的关键，是立法机关能否落实立法结果的检验途径。因为利益攸关，所以预算是一个充满冲突的过程。从历史上看，预算立法权与行政权之间的关系及其变迁，构成了一个国家预算管理变革的根本动力源。

一、预算审查监督的概念与内涵

从理论上讲，预算权是指一个国家建立预算体系的权力及其有关法律规范的总和，亦即中央和地方各级权力机关和行政管理机构在编制、审批和执行政府预算中所享有的权限。在现代国家，预算权由宪法和专门法律规定，预算管理的各项原则和指导思想从中得到贯彻和体现。实践中，预算权及其法律规范的内容不是一成不变的，而是随着时代的发展变迁适时调整和完善。

预算审查监督作为预算权的重要内容，是保障预算编制科学、执行不偏离预算目标的重要手段，并通过建立有效的监督形成具有规范透明、标准科学、约束有力等特征的现代预算制度。

政府预算活动要在权力机关的监督约束下进行，这是现代预算的基本要求。由于预算收支是对有限财政资源的分配，在收入的汲取与支出的配置上要取之于民、用之于民、告之于民。因此，在政府提供公共产品，特别是重要民生工程、基础设施建设项目等预算决策中，需要通过强化对政府预算的约束和民主监督，使预算法治和预算民主落到实处，让预算真正为人民谋利益。

（一）预算审查批准

政府预算可以划分为编制、审批、执行和决算四个阶段。预算审批，即预算审查批准，连接着预算编制与预算执行，对政府预算决算全过程都具有广泛而重要的影响力。具体来说，预算审批是指支出部门、行政机构和立法机关按照法定程序和法定内容对政府预算报告和草案进行审查、批准，使之具有法律效力的过程。现代政府预算中，基本都是支出部门编制预算，经过行政机关审查批准，然后提交给立法机关审查批准。

从审批主体的角度看，预算审批可以分为行政审批和立法审批。其中，行政审批包含了财政部门对支出部门的审批和行政首长对预算总方案的审批；立法审批包括专门委员会的提前审批和立法机关全体会议的正式审批。从形式与实质的角度看，预算审批又可以分为审批程序和审批内容。其中，审批程序依次为初步审批和正式审批；审批内容包括宏观审批和微观审批、合规性审批和绩效性审批。从审批对象的角度来看，预算审批包括预算编制阶段的预算报告和草案审批，预算执行阶段的预算调整方案审批、重点支出预算执行情况审批、预算绩效评价与管理情况审批、预算执行全部完成后的决算审批。

（二）预算监督

预算监督是指各监督主体对政府预算运作的全过程进行监督的活动。从监督主体上看，一个国家的预算监督主要包括上级政府、财政部门、审计部门、立法机关等四个方面的监督。其中，前三个方面的监督在我国均属政府内部的行政监督，立法机关监督则属于典型的外部监督，具有较强的独立性。

从内容上看，立法机关的预算监督主要由预算编制提前介入、初步审查、大会审批、预算执行监督和事后监督五个环节组成。在立法机关行使预算监督权的过程中，可以通过介入政府预算编制过程、实地调研、专题询问等方式，直接获取政府预算信息并针对存在的问题提出相关改进意见，也可以通过与审计部门的协作，利用审计部门出具的审计报告，获取政府预算信息并对审计中发现的问题予以关注、跟踪政府部门整改情况，提高预算监督效率，增强监督效力。

（三）预算审查监督的重要意义

预算审查监督是推动建立现代预算制度、进而实现国家治理现代化的重要抓手。预算的现代化包括预算管理的科学化、规范化、法治化和民主化，向预算审查监督提出一系列新要求。加强预算审查监督，具有多方面的理论与现实意义。

（1）保证预算编制的科学完整。政府所有收支均应纳入预算范围，编制全口径预算，全面、完整反映政府的职能活动。加强预算审查监督，可以提高政府预算的编制水平，对各预算项目的投入成本、经济收益、社会效益、回报周期、风险等进行研究论证与综合评估，择优选择预算项目，科学合理分配预算资金。

（2）实现预算执行的规范有效。政府预算是经立法机关依法审批的财政收支安排计划。加强预算审查监督，可以促进政府严格按照立法机构批准的预算规范使用财政资金，降低部门及预算单位的自主化倾向、减少管理过程中的利益冲突。

（3）提升预算过程的民主性。预算资金来源于人民的社会财富创造活动，预算决策应充分反映公众需求、维护国家利益和公共利益。加强预算审查监督，可以确保政府全面接受立法监督和社会监督，细化预算报告和草案，提升预算管理科学化水平，实现预算公开透明。

二、新时代人大预算审查监督改革

人民代表大会（以下简称"人大"）是我国的权力机关，全国人民代表大会（以下简称"全国人大"）是最高国家权力机关，地方各级人民代表大会（以下简称"地方各级人大"）是地方各级国家权力机关。审查批准预算、决算和监督预算执行是宪法和预算法、监督法等法律赋予全国人大及其常委会、地方各级人大及其常委会的重要职权①。党的十八大以来，以习近平同志为核心的党中央就人大制度和人大工作提出一系列新论断新举措新要求，为在新的历史条件下坚持、完善和发展人民代表大会制度，加强和改进人大预算审查监督工作，提供了科学理论指导和行动指南。人大对政府预算的审查监督，一方面体现了各级人大及其常委会用好宪法赋予人大的监督权，实现正确监督、有效监督、依法监督；另一方面也体现了人大围绕党和国家大局，聚焦人民群众所思所盼所愿，通过法定的途径、渠道、方式、程序，

---

① 人大对政府预算审查监督权力的法律依据在《中华人民共和国宪法》（以下简称《宪法》）、《预算法》、《中华人民共和国全国人民代表大会议事规则》（以下简称《全国人大议事规则》）、《全国人民代表大会常务委员会关于加强中央预算审查监督的决定》等具体内容中有所体现。依照宪法法律规定，全国人大负责审查批准全国年度预算以及预算执行情况的报告；地方各级人大负责审查批准本行政区域内的年度预算以及预算执行情况的报告。按照法律规定和工作惯例，政府向人大提交的预算信息主要包含在政府每年向人代会提交的预算报告和预算草案中，以全国人大为例，预算草案包括《××年全国预算执行情况和××年全国预算草案》、《××年中央对地方转移支付预算执行情况和预算草案》和《中央部门预算草案》。

使人民依法享有的知情权、参与权、表达权、监督权，确保党和国家在决策、执行、监督落实各环节都能听到来自人民的声音，推动解决制约经济社会发展的突出矛盾和问题。

（一）制定修订预算审查监督法律制度

党的十八届三中全会提出"预算审核的重点由平衡状态、赤字规模向支出预算和政策拓展""加强人大预算决算审查监督、国有资产监督职能"等重要论断。党的十九大报告强调，"要健全人大组织制度和工作制度，支持和保障人大依法行使立法权、监督权、决定权、任免权"。党的十九届四中全会要求"健全人大对一府一委两院监督制度"。根据党中央决策部署，围绕加强和改进新时代人大工作，制定修订预算审查监督法律制度，切实做到党和国家工作重心在哪里，人大工作就跟进到哪里，力量就汇聚到哪里，作用就发挥到哪里。

2014 年 8 月 31 日，第十二届全国人民代表大会常务委员会第十次会议通过《关于修改〈中华人民共和国预算法〉的决定》第一次修正。2015 年 12 月，中共中央办公厅转发全国人大常委会党组《关于改进审计查出突出问题整改情况向全国人大常委会报告机制的意见》，推动审计查出问题整改工作、加强和改进人大预算审查监督。2017 年 3 月，《关于建立预算审查前听取人大代表和社会各界意见建议的机制的意见》经全国人大常委会党组审议通过，由全国人大常委会办公厅发布实施。2018 年 3 月，中共中央办公厅印发《关于人大预算审查监督重点向支出预算和政策拓展的指导意见》；同年 10 月，全国人大常委会办公厅制定《关于贯彻〈关于人大预算审查监督重点向支出预算和政策拓展的指导意见〉的实施意见》。同年 12 月 29 日，第十三届全国人民代表大会常务委员会第七次会议通过《关于修改〈中华人民共和国产品质量法〉等五部法律的决定》，对《预算法》进行第二次修正。2020 年，全国人大常委会办公厅印发《关于进一步加强各级人大常委会对审计查出突出问题整改情况监督的意见》，对深化拓展监督内容，用好监督方式方法，强化监督结果运用，与开展预算审查监督、国有资产监督紧密结合，政府及其部门应当依法接受人大监督等方面作出明确规定。2021 年 4 月，第十三届全国人民代表大会常务委员会第二十八次会议修订《关于加强中央预算审查监督的决定》，健全完善预算审查监督制度，规范预算行为，提高预算绩效，厉行节约，更好地发挥中央预算在推进国家治理体系和治理能力现代化、推动高质量发展、促进社会进步、提高人民生活质量和全面深化改革开放的重要作用。2021 年 7 月，中共中央办公厅印发《关于加强地方人大对政府债务审查监督的意见》，就推动完善政府预算决算草案和报告中有关政府债务的内容、规范人大审查监督政府债务的内容和程序、加强人大对政府债务风险管控的监督等作出明确规定。

以上法律制度的制定修正，为健全人大讨论决定重大事项制度、拓展支出预算监督重点、强化地方政府债务风险源头管控奠定了法律基础和制度保障，使预算安排更好地贯彻落实党中央重大方针政策和决策部署，提高预算编制质量和预算执行规范化水平，更好发挥预算在国家治理中的基础性支撑性作用，让人民代表大会制度优势更好转化为国家治理效能。

（二）加强全口径审查和全过程监管

按照《预算法》的规定，全国人民代表大会和地方各级人民代表大会对预算草案及其报告、预算执行情况的报告重点审查下列内容：上一年预算执行情况是否符合本级人民代表大会预算决议的要求；预算安排是否符合本法的规定；预算安排是否贯彻国民经济和社会发展的方针政策，收支政策是否切实可行；重点支出和重大投资项目的预算安排是否适当；预算的编制是否完整，是否符合本法第四十六条的规定；对下级政府的转移性支出预算是否规范、适当；预算安排举借的债务是否合法、合理，是否有偿还计划和稳定的偿还资金来源；与预算有关重要事项的说明是否清晰。

在做好重点审查的基础上，根据党的十八届三中全会提出"加强人大预算决算审查监督、国有资产监督职能"的改革部署，逐步建立起全口径审查和全过程监管体系。2017 年 12 月，中共中央发布《关于建立国务院向全国人大常委会报告国有资产管理情况制度的意见》，加强人大和全社会对国有资产的监督，推进国有资产管理公开透明。2021 年 4 月，《全国人民代表大会常务委员会关于加强中央预算审查监督的决定》要求加强财政政策审查监督、一般公共预算审查监督、政府债务审查监督、政府性基金预算审查监督、国有资本经营预算审查监督、社会保险基金预算审查监督；进一步推进预算决算公开，提高预算决算透明度，以公开为常态、不公开为例外，监督中央政府及其部门依法及时公开预算决算信息，主动回应社会普遍关注的问题，接受社会监督；加强预算绩效的审查监督，各部门、各单位全面实施预算绩效管理，强化事前绩效评估，严格绩效目标管理，完善预算绩效指标体系，提升绩效评价质量；加强绩效评价结果运用，促进绩效评价结果与完善政策、安排预算和改进管理相结合，推进预算绩效信息公开，将重要绩效评价结果与决算草案同步报送全国人民代表大会常务委员会审查。全国人民代表大会常务委员会加强对重点支出和重大项目绩效目标、绩效评价结果的审查监督。必要时，召开预算绩效听证会。

预算报告和草案中有关预算安排，预算执行情况报告中有关预算信息，决算报告、审计工作报告中有关预算信息，重点支出绩效评价报告中有关预算信息，向社会公开的部门预算、决算信息等，为人大全口径审查与全过程监管提供必要的预算信息来源，保障人大预算审查监督工作的顺利有效实施。

（三）完善预算审查监督程序

从程序上看，依据《预算法》相关规定，人大预算审查监督主要包括预算编制审查、预算执行监督、决算审查、审计整改监督等。

按照时间的先后顺序，预算编制审查可分为预先审查、初步审查、大会审查批准等环节。在预先审查环节，人大预算工委听取并征求全国人大代表的意见建议，听取财政部、发改委等部门关于下一年预算安排和投资安排的介绍，提出改进和完善意见。通过开展调研座谈、运用联网监督智能分析等方式，提出预算编制分析意见。在初步审查环节，人大财经委员会审议有关预算安排或投资项目计划，财政部门、发改部门等到会回答询问，形成初步审查意见，送财政等部门研究反馈。人大有关专门委员会可以围绕特定领域部门预算进行专项审查，提出专项审查意见，送财经委、预算工委研究处理。初步审查意见和财政部的反馈报告印送全国人大代表。在大会审查批准环节，财政部门代表政府向大会提交关于中央和地方预算执行情况和预算草案的报告，并将预算草案和相关参阅材料印发会议接受审查。各代表团举行全团会议或代表小组会议，对预算报告和草案进行审议。人大财经委召开全体会议提出预算审查结果报告。

预算执行监督方面，通过建立重点支出或重大投资项目预算执行联系点、召开预算执行情况座谈会、利用预算联网监督系统对预算执行和绩效目标实现程度情况进行跟踪等方式，建立常态化监督机制。预算执行中确需调整预算安排的，应当依法编制预算调整方案，报全国人大常委会审查和批准后执行。

决算审查方面，结合听取和审议上一年度预算执行和其他财政收支的审计工作报告，对决算、重点支出完成及其绩效情况进行重点审查。审查决算贯彻落实党中央重大方针政策和决策部署的结果，审查重点支出或重大投资项目决算与预算相比较的变动情况，审查资金使用的绩效情况等。

审计整改监督方面，审计机关在依法主动接受人大监督的同时，强化人大监督对审计监督工作的支撑，在对被审计单位审计查出问题整改情况进行全方位跟踪的基础上，对审计查出的突出问题和整改过程进行督促和检查，指导被审计单位厘清整改思路，解决整改难题，确保问题整改到位，做到标本兼治，建立问题整改长效机制。

（四）丰富预算审查监督工具

从预算审查监督工具上看，人大预算审查监督的手段、方法日益丰富。在人民代表大会期间，组织人大代表就预算报告与草案或选择部分重点支出进行审议。在人民代表大会闭会期间，组织人大代表开展重点支出或重大投资项目建设情况的视察和调研，专题听取预算执行情况、重点支出审计情况报告及查出问题整改情况报告等；选择重点支出或重大投资项目实施全过程跟踪监督。同时，加强人大监督与其他监督相结合，如政协的民主监督、新闻媒体的舆论监督、人民群众的社会监督，形成监督合力。

在大数据时代，预算联网监督被广泛应用在人大预算审查监督中，为人大代表审查预算提供更加充分、及时、可靠的信息支撑。围绕重点支出预算监督，部分地方政府建立起覆盖全过程、全链条、全生命周期的投资项目在线管理平台系统，与同级人大预算监督系统联网，实现数据共享。部分地方人大推行数智监督新模式，通过"全过程监督、智能化分析、精准性研判"预算监督数字化应用系统，全面、直观、立体研判重点支出的分布、建设内容与规模、投资周期安排等情况，对有关意见建议进行线上及时反馈。数字化监督方式方法的运用，有效保障了人大预算审查监督的效率和质量。

三、人大预算审查监督现状评析

上述加强和改进人大预算审查监督工作的举措，为深化细化实化人大职责以及更好履行人大职责奠定了坚实的基础。然而，也应看到，随着政府预算规模的不断增长，预算审查监督的难度和复杂性明显提升，对法治环境、决策机制及制度建设提出新的更高要求。

（一）审查监督处于被动地位

日常工作中，人大预算审查监督较多沿用传统的做法，在人民代表大会期间听取和审查预算报告、计划报告，在闭会期间组织若干专题视察，或者由常委会或主任会议听取和审议政府预算工作报告，较少采用询问、质询、特定问题调查等刚性监督手段。对于政府提交的预算报告和预算草案，形式上的整体审查较多，必要的结构性审查较少，使得人大对政府预算审查监督处于相对被动的位置，既难以在审查环节对预算支出的可行性、必要性等作出客观分析和判断，也难以在预算执行过程中及时发现存在的问题，监督刚性总体偏弱。在监督手段上，人大预算联网监督体系已经基本建立，但联网监督系统中有关预算信息不充分，只有预算执行进度信息，没有绩效信息及相关分析。同时，联网监督系统运用也不够充分。

（二）审查监督组织力量不够

人大预算审查监督工作任务繁重，需要一支强有力的预算审查工作队伍，实现预算审查监督专业化、常态化。在我国，有些省、市、县三级人大常委会均成立了专门的预算审查监督机构，市级人大预算工作机构配备一定数额的专职人员。然而，也有不少省区的地方人大承担预算审查监督工作的人员只有一两个人，市县人大"一人一委"的情况比较普遍，还有一些地方人大没有设立专门的预算工委。因此，从全国范围来看，地方人大对政府预算审查监督工作开展非常不均衡。同时，人大预算审查监督对外部力量的运用不充分，特别是与社会监督、专业监督等形式缺乏有效结合。通过广大代表收集人民群众对政府预算的意见和建议不足，专业性预算论证制度尚未建立，对于专业性强的预算支出项目，应听取有专业背景的人大代表、专家智库的意见，或请专业机构对预算支出进行可行性、科学性论证，拿出专业的参考意见，为预算审查监督提供科学的专业的咨询意见。

（三）审查监督存在薄弱环节

《预算法》明确规定"政府的全部收入和支出都应当纳入预算"，这对"长官意志""拍脑袋工程""花钱大手大脚""新官不理旧事"等不合理行为构成了刚性约束，对未按规定编制预算、调整预算等行为引入追究行政责任的惩戒措施。但是，在每一年度的审计报告中都存在预算资金滥用、浪费、闲置等问题，说明人大预算审查监督尚存在薄弱环节，没有从根本上消除面子工程、政绩投资、重复投资、无效投资等现象的发生，在对部分预算支出必要性、支出效益、潜在风险等方面的审查监督不足。有些支出原本不属于政府预算的范围但仍能通过并立项建设，而关系到改善人民生活、优化投资环境等应该列入预算的支出却长期缺位，反映了事前审批中人大在预算支出必要性审查上的作用发挥不足。在预算绩效方面，缺少科学的效益分析方法和客观公正的评价标准，人大对预算资金拨付、使用和进度是否相对应等缺乏监督指南。在预算支出可能带来的潜在风险方面，对于是否存在重大环境隐患、是否为财政带来重大风险和压力、可能出现风险的领域及时间，以及采取何种防范措施等缺少前瞻性思考。

（四）审查监督成果反馈机制不健全

在结果反馈机制上，一方面人大审议意见内容上过于原则笼统，难以度量整改效果，同时整改落实跟踪力度不够，存在审完事了的倾向；另一方面跟踪手段和途径以听取被审查监督对象的报告为主，较少听取其他利害关系人的意见，进行专门检查和调研则更少，跟踪和审议环节之间缺少联动，未形成闭环管理。虽然人大监督不断加强与审计监督相结合，综合运用审计报告，将审计结果与整改情况纳入人大评价政府工作的重要内容，但一直未制定出台责任追究办法，对于未按决策程序、超越法定职权、明知决策错误未及时纠正等违规行为，给国家和社会造成严重损失的责任单位或个人，较少追究决策责任和管理责任。

四、更好发挥人大预算审查监督作用

自 1999 年我国启动部门预算改革，2001 年推行财政国库管理制度改革试点，2003 年《中华人民共和国政府采购法》（以下简称《政府采购法》）正式实施，2011 年推进预算绩效管理，一直持续到 2014 年修正《预算法》，这 15 年时间是我国财政改革的重点从收入分配转向预算管理领域，建立起一种"行政控制取向"的预算体系，初步构建了现代预算制度的雏形。2015 年 1 月 1 日，开始实施修正后的《预算法》，不断加强与改进人大预算审查监督，"立法控制取向"的预算体系得以健全和完善，现代预算制度建设取得巨大进步。近 20 年来，越来越多的利益主体参与到预算管理之中，越来越多的专业技术在预算管理中得到普遍应用，预算治理效能越来越强大。立足中国自身的国情及文化历史传统，充分吸收和借鉴其他国家的有益经验，可以为更好发挥人大预算审查监督作用，进而建立更加成熟的现代预算制度开辟道路。

（一）加强立法权与行政权的分工合作

我国目前的情况是人大在政府预算中的权力还没有得到充分发挥，立法机关和人大代表的预算专业技术能力虽然比不过行政部门财政财务人员的专业能力，但具有比较强的公仆意识、比较高的政治觉悟、比较优秀的政策执行力，特别是人大代表来自全国各地、各行各业、各阶层，个人的点滴长处汇聚在一起，可以形成强大的集合优势，弥补行政部门财政财务人员专业能力以外的不足。在党的全面领导下，强化立法权与行政权的分工合作，充分发挥各自优势，共同努力提高预算治理的科学化现代化水平。

（二）完善立法权对政府预算的微观管理

我国目前人大对政府预算的审查总体上还停留在总量审批的阶段，开始向结构化审查政府预算的方向发展。政府提交给人大的预算报告有待于进一步细化，人大要充分利用各专门委员会针对不同领域、不同收支分门别类细化审批内容，实现对预算管理宏观和微观的互补。在增强人大预算审查监督权力的同时，也应看到专门委员会如果缺少制度的约束，也有为各自领域谋取最大化预算的倾向。凡事预则立，人大内部的预算权的细分与平衡应与强化立法机关的预算权同时进行，以避免产生不良后果。

（三）集中行政体系内部的预算权力

我国行政体系内部除财政部享有预算拨款权力外，还存在大量的"准预算机构"，也具有一定的拨款权力。因为"准预算机构"同时进行经济活动，立项权力与拨款权力集于一身，必然导致"预算最大化"倾向，带来财政资源的浪费。因此，行政内部的预算权力要集中统一到财政部，取消"准预算机构"的拨款权力。此外，政府预算信息要及时向人大公开，确保人大有充足的时间审查预算，预算报告的内容要做到信息标准化、系统化，确保人大能够有效审阅审查政府预算，可以反过来促进政府行政体系内部预算权力的科学合理配置。

（四）建立为人民负责的现代预算

我国基层政府已经出现人民参与预算的改革试点，并取得良好效果。在国家预算的层面，也在推进预算信息公开和人民参与预算的改革，使基层管理者、社会组织、新闻媒体等多元主体参与到预算编制、审批、执行的全过程之中。随着政府预算管理的不断完善，行政机关要向立法机关公开透明，行政机关和立法机关要同时对社会民众公开透明，这样才能建立为人民负责的现代预算。既然公开透明，就要做到让人民看得懂，需要推进预算信息公开标准化、系统化改革。同时公开内容要全面，只有做到全面，公开透明才有意义。

本章附录 预算权力格局变迁的美国经验

在美国，联邦政府预算以立法权主导预算，通过 1921 年改革，建立行政预算体制，又通过 1974 年改革，建立立法权与行政权相对平衡的预算权力结构。理解美国联邦政府预算权力格局变迁的历史过程及其背后的推动力量，对谋划我国人大预算审查监督改革具有一定的借鉴意义。

（一）预算权力格局的历史变迁

历史就像一条永远奔流的大河，不可能把它完整地截断。从研究政府预算行政权与立法权关系变迁的角度出发，自美国独立战争以来的 200 多年历史可以大致划分为四个时期。

（1）政府预算尚未出现（1776～1789年）。从严格意义上讲，这一时期美国并没有政府预算，因为没有规定预算所必需的关键条件和法律制度，更没有对预算程序、方法和内容的明确规定，对于预算的职能也没有充分的认识。但是从国家的角度来看立法权与行政权的关系，对我们理解为什么美国建国后是立法权主导的预算具有重要意义。美国是从英国的殖民统治中独立出来的，英国的议会制对美国产生了重大影响。美国人对行政权有一种原始的畏惧，认为强大的行政权是暴政的本质，所以想方设法控制行政权的扩张，从殖民地时期一直到独立后一个多世纪，美国都是"强立法，弱行政"的预算权力格局。

（2）立法权主导政府预算（1789～1921年）。1789年美国联邦宪法通过后，行政权有所上升，但立法权仍占据主导地位。独立战争使美国人意识到政府的重要性，弱政府难以进行战后重建工作，开始从弱政府、弱行政权转向提升行政权威。总统拥有行政权并通过否决权参与到政府预算中，制约立法机关的预算权力。依据1789年的财政法案的规定，在行政部门内组建财政部，负责汇总预算报告提交国会。从这个意义上讲，美国现代政府预算开始萌芽。联邦宪法虽然赋予总统行政权，但对总统及行政部门的预算权力并没有作出明确规定，这导致行政权仍然处于弱势这一方。

立法权方面，1802年众议院将筹款委员会常设化，1816年参议院设立财政委员会。这两个委员会的权力非常大，在所有收入和支出问题上做决策，控制财政收支，审批税收法案与拨款法案，管理公共债务，监督行政部门的财政支出与经济活动，保证收支相抵财政平衡。行政部门的预算报告经由财政部交由国会审批，财政部没有任何修改的权力，国会掌握预算审查权并完全排除总统的预算审批权力，立法权"一家独大"。南北战争结束后，立法权内部结构发生调整，战争以及战后重建导致委员会工作量剧增，国会决定将收入与支出权力分离，1865 年众议院筹款委员会被拆分为负责税收的筹款委员会和负责支出的拨款委员会，1867 年参议院也做出相应调整。

（3）建立行政预算体制（1921～1974 年）。行政预算体制是指行政部门的预算在提交国会审查之前，由总统进行审查、汇总成一个整体的政府预算，由总统或者以总统的名义提交给国会审批，国会通过后，由总统负责预算执行。行政预算体制赋予总统审查并提出整体政府预算的权力与责任，以及执行国会通过的政府预算的权力与责任。1921 年，国会通过《预算与会计法案》，建立行政预算体制，行政权开始在政府预算中逐渐占据主导地位。国会内部由于权力拆分，授权委员会从拨款委员会争夺拨款权力，制度漏洞引发国会腐败，都是导致立法权衰落、行政权兴起的原因。

19 世纪末和 20 世纪初，美国进行了一系列社会改革，史称"进步时代"。塔夫脱总统改变原来行政部门不经过总统审查而直接向国会递交预算报告的预算程序，规定由总统提出统一的预算报告，这是行政预算体制的雏形，总统及行政部门的权力得以大大强化。1921 年《预算与会计法案》决定成立联邦预算局[①]，职能是根据总统的意愿政策，指导汇总审核各行政部门编制预算报告，并形成总统年度预算报告提交国会，再由国会审批。该法案同时要求在立法机构体系内设立总审计署[②]，代表国会行使财政监察权，负责监察各行政部门的开支状况，防止滥用公款及舞

---

① 联邦预算局后移出财政部，成为总统的专门办事机构，并在 1970 年更名为现在的预算与管理办公室（OMB）。

② 总审计署现在更名为政府问责办公室（GAO）。

弊，制定会计原则与标准，提出有关财务的法律意见，并向国会报告。这表明总审计署是国会对行政部门实施财政和预算监督的主要工具，因此也被称为"国会的监察者"。此外，国会内部也将拨款权集中到拨款委员会。然而，由于国会缺少独立的预算机构，1921 年改革后立法权在行政预算体系中处于弱势状态。

（4）走进多元预算时代（1974 年至今）。直到 20 世纪 70 年代，国会通过《预算与截流控制法案》，对总统的扣押权、自由裁量权进行全面限制，总统取消或推迟财政支出都必须国会同意，并且加强了国会对总统调控经济的监督。该法案还规定，国会两院共同建立一个独立机构，即"国会预算办公室"（CBO），与总统下属的管理与预算办公室（OMB）平行，专门进行政策分析，为国会提供预算建议。在众议院和参议院分别设立预算委员会，对财政收支实施总量管理，听取行政部门和社会各界关于预算问题的意见建议，对总统的预算报告进行审议，制定"预算决议案"，与总统行政预算地位相当，这标志着立法权在政府预算中的复兴。国会预算办公室和两院预算委员会的成立，意味着国会可以独立编制年度预算报告，立法权可以与行政权进行平等的抗衡。国会内部拨款委员会和授权委员会同时受预算委员会监督。

自 20 世纪 80 年代至今，预算权力沿着党派路线在国会和总统之间更加平等地分配，这使得双方经常需要就预算进行协商。值得注意的是，新公共管理运动和新绩效预算在美国的发展，使预算权力分散和下放，更多主体参与到政府预算之中，基层管理者、公众团体、社会组织及新闻传媒等这些原本通过体制外途径参与预算的利益主体也开始走向前台。所有这些足以证明，当代美国联邦政府预算发展成为多元主体集体选择的产物，宣示美国进入多元预算时代①。

（二）预算权力格局变迁的动力分析

从历史上看，美国政府权力格局的变迁受到多种动力的推动，其中主要是财政赤字和公共债务的增加、政府预算制度的完善以及权力结构制衡等因素。

1921 年之前，国会是美国预算过程中最有权力的机构，总统没有在预算过程中发挥作用，不能审查各个部门的预算，不能审查各个部门的活动选择及活动成本的估算，不能将他的政策意图完整地贯彻进预算资金的分配，不能将所有的政府部门按照一个有机联系的系统那样管理起来②。财政部的职责是汇总行政部门的预算报告并递交给国会，而没有任何修改或建议的权力。南北战争以及战后重建工作使国会委员会的工作量剧增，为了减轻众议院赋税委员会和参议院财政委员会的工作负担，众议院在 1865 年、参议院在 1867 年建立拨款委员会将收入和支出的权限分离开来。而各个授权委员会由于对新建的拨款委员的严格限制极为不满，开始争夺拨款权力。成功争取到拨款权力的授权委员会，既掌握着行政部门的立项授权，又控制着拨款权力，每个授权委员都有"预算最大化"倾向，为自己所代表的行政部门谋求更多的财政资源。当权力被广泛分享，不仅导致决策僵化，效率低下，更导致了国会腐败，各授权委员会滥用拨款权，行政机构随意开支浪费资源，造成财政赤字不断增长。

战争是造成财政赤字和公共债务增长的另一个重要动力。19世纪的三场战争使美国收支相抵的财政平衡理念被打破。1812 ~

---

① 章伟：《美国预算史中的权力结构变迁》，复旦大学博士学位论文，2005 年，第 207 页。

② 马骏、赵早早：《政府预算：比较研究》，中央编译出版社 2011 年版，第 126 页。

1815 年的美国第二次独立战争、1846 ~ 1848 年的美墨战争使财政支出翻倍，出现财政赤字。1861 ~ 1865 年南北战争期间，财政赤字加剧，战争结束时，财政支出首次突破 10 亿美元大关①。20 世纪初期第一次世界大战结束后，国会不得不承认它需要一个用于控制支出的强有力的总统领导权。在 20 世纪 20 年代建立行政预算体制早期，财政支出和公共债务下降出现了立竿见影的效果。随之而来的 20 世纪 30 年代的经济大萧条②和罗斯福新政③，带来财政赤字大规模增加、社会福利制度的完善，总统和行政部门地位得到极大强化和提升。第二次世界大战结束后，总统的预算角色从支出控制者转换为项目计划者，利用预算调节经济，使经济维持在高就业、低通货膨胀的状态，这一时期的总统政府预算权力达到顶峰。但是，冷战期间爆发的越南战争和政府预算强制性支出的增长，终结了"帝王总统"的预算时代。越南战争结束后，并没有出现和平红利，原因在于强制性支出的增长超过了国防支出的减少。由刚性规定和支付公式决定的预算支出在预算总额中所占的比例日益增长，削弱了总统的预算能力，总统预算更多的是一种评估过去承诺在下一年成本的手段，而不再是对政府财政政策和项目提出建议④。

　　美国预算权力格局的变迁历史表明，无论是立法权主导预

---

　　① Rich and Spohn and Charles McCollum. The Revenue Commit-tees (NY: Viking Press, 1975), pp. 220 – 221.

　　② 经济大萧条是指 1929 ~ 1933 年，开始于美国，并后来波及整个资本主义世界的经济危机，其中包括美国、英国、法国、德国和日本等资本主义国家。

　　③ 罗斯福总统为摆脱经济危机，采用美国经济学界芝加哥学派的观点，以凯恩斯主义为理论基础，利用国家政权积极干预经济生活，采用立法调节全国经济，对工业、银行、金融、农业、劳工加强管制，在美国历史上被称为罗斯福的"新政"。

　　④ 艾伦·希克著，《联邦预算——政治、政策、过程》，中国财政经济出版社 2011 年版，第 14 页。

算，还是行政权主导预算，都不是尽善尽美的制度安排，都导致了预算腐败、赤字增加与财政支出膨胀。预算既是政治性色彩浓厚的决策过程，也是专业性极强的管理技术活动。丢掉了哪一方特性，都会导致预算的失败。美国总统在行政体系内部设立专门的预算编制机构之后，立法机关却未设置相应的预算咨询机构，因此很难提出专业化的理由去反驳总统提交的年度预算报告，导致国会对预算的控制力急剧削弱。20 世纪 70 年代早期，当尼克松总统与国会就预算交战，扣押国会拨付的 10 亿美元时，事态到了摊牌的地步。出于对政府预算失控的担心，国会在 1974 年通过法案建立与行政机关相对应的预算机构，增强了自身预算审查监督能力。随着新公共管理运动和新绩效预算的发展，更多的利益主体参与到预算管理之中，通过增强预算管理的专业性技术性能力，弥补了政治主导预算的不足，使政府预算更好兼顾多方利益，获取最大范围的认可和支持。可以说，专业性中不仅有政治，而且还是保障政治正确的重要基础。

政府预算报告，又称财政预算报告，是财政部门代表政府提交给人民代表大会的预算执行情况和下一年度预算计划的报告以及部门预算草案与附表。从广义的角度来看，还包括财政部门向人大提交的年中预算执行情况报告、年度决算报告以及预算绩效管理、国有资产管理等专项报告。政府预算报告制度是围绕预算报告工作建立起来的一系列制度安排，在财政资源配置、政府预算管理及国家治理中具有重要的地位和作用。

一、政府预算报告的概念与功能

正确认识政府预算报告的概念与内涵，是提高预算报告编写水平、改进政府预算报告写法、改革政府预算报告制度的前提。

（一）政府预算报告的概念

学术界从多角度阐述了政府预算报告这一概念。有观点认为，政府预算草案本质上是尚未批准的预决算报告，依法定程序经同级人民代表大会或人大常委会批准后，即具有法律效力，不得随意更改。也有观点指出，政府预算报告是对政府预算的概括、提炼和说明。还有专家提出，政府预算报告是对财政收支活动的总结与展望，它可以折射、反映政府部门所从事的所有公共管理活动，是公民权在公共部门中的集中体现，是为市场经济法治框架中的重要内容之一。

按照狭义的概念，政府预算报告由"总结"和"计划"两部分内容组成，其中"总结"是对上一个财政年度预算工作的详细报告，通过一系列的数据与事实，来说明预算执行情况的效果；"计划"是本财政年度预算工作的具体安排，其内容主要是根据宏观经济政策、考虑本年度经济发展的增减因素，确定预算草案的具体数字及完成预算的主要措施。从行文结构上看，预算报告具体包括三个部分：一是上一年度的预算执行情况，二是本年度预算草案，三是本年度财政改革和管理工作任务以及确保完成本年度预算的主要措施。

按照相关法律规定，政府预算报告需要向社会公开。预算公开是政府在限定期限内公开预算环节涉及的全部信息，或者是公众申请希望了解的信息，这些信息必须是真实的、完整的，而且这些信息的内容和公开的过程都应该符合法律规定。

（二）政府预算报告的功能

按照《预算法》的规定，预算报告在每年人民代表大会上向人大代表提交，提请大会审查。为了使人大代表听清楚，看明白，尤其是要让大部分不熟悉财政经济专业的代表能看懂，在表达方式上不能使用过多的专业术语，要尽量通俗易懂。《预算法》明确了人大对预算草案的审查重点、预算草案的细化程度以及需要编制的具体内容，预算报告在编写时虽然不用面面俱到，但对于重点要有所体现，不需要报告与政府预算无关的部门工作。由于预算报告要向全社会、全世界公布，尤其是中国成为世界第二大经济体之后，国际社会非常关注中国，每年两会期间有一半的记者来自境外媒体，预算报告的语言表达和数字口径必须准确规范。

从功能上看，预算报告既要支撑政府工作报告，同时又要与国民经济和社会发展计划报告各有侧重。一方面，预算报告是政府工作报告的重要支撑，报告内容要体现贯彻落实党中央、国务院的重大决策。另一方面，预算报告与国民经济和社会发展计划报告同时作为政府工作报告的支撑，需要协调报告内容，既不应重叠，又不能遗漏。具体功能体现在以下三个方面：

（1）预算报告担负着向人大代表和社会公众回答"钱从哪里来""钱花哪儿去"等重要职责。立法机构代表人民对预算方案进行审查，批准后向社会公开，可以保障各项政策决策的合理性、可行性、科学性，及时发现并纠正执行过程中出现的问题，避免偏离正确的轨道和既定的目标。

（2）预算报告是政府预算多项功能性因素的有机结合，贯穿预算管理全过程。预算报告与预算编制、审批、执行、监督、绩效管理与问责等各环节工作都有着紧密的联系，既是建立现代预算制度的组成内容，也是推动实现预算现代化的关键力量，具有"牵一发动全身"的地位和作用。

（3）预算报告是财政配置资源机制的实施"准绳"和保障，是沟通政府与市场之间的媒介和桥梁。通过审查预算报告和草案以及预算信息公开，可以帮助决策者和管理者全面评估各公共项目的成本和收益，以有效发挥政府预算在增进资源配置效率、改善社会公平、促进经济稳定与发展等方面的职能作用。

二、我国政府预算报告制度的建立

中华人民共和国成立以来，我国政府预算报告制度适应不同时期的客观需要，不断调整、优化和完善，在推进预算制度改革、推动经济社会发展以及实现国家治理现代化中发挥出积极作用，对于建立健全现代化的预算具有重要的指导意义。

（一）新中国预算报告制度的初创

1949 年 12 月 2 日，在中华人民共和国中央人民政府委员会第四次会议上，时任财政部部长薄一波同志作了《关于一九五〇年度全国财政收支概算草案报告》，这是新中国第一份预算报告，全文只有 2200 余字，简要说明了概算草案的基本精神、实现的保证以及各领域大致的支出比例，没有详细报告具体数字。正是在这次会议上，毛泽东同志就预算问题发表重要讲话时明确指出："国家的预算是一个重大的问题，里面反映着整个国家的政策，因为它规定政府活动的范围和方向。"①

1951 年的预算报告，内容和篇幅开始详细起来，全文 6100 余字。1953 年的预算报告 12700 余字。1954 年，预算报告的篇幅增加到 23400 余字，报告分析总收入、总支出、收入及支出构成等国家财政经济状况，用详细数据说明本年度预算执行情况和下一年度预算安排，最后提出今后工作的注意事项。从 1949 ~ 1954 年，预算报告由中央政府委员会审查批准。1954 年 9 月 20 日，第一届全国人民代表大会第一次会议通过并颁布《中华人民共和国宪法》（以下简称《宪法》）。其中，第二十七条规定全国人大有权审查和批准国家的预算和决算，第五十八条规定地方各级人大有权审查和批准地方的预算和决算。此后，预算报告开始上报全国人民代表大会审查，批准后再由财政部发往各省市，标志着我国政府预算报告制度初步建立。

1957 年之后，全国人大的工作陷入低谷，财政部门向人大作预算报告的制度曾一度中断，尤其在"文化大革命"的 10 年中，

---

① 《毛泽东文集（第六卷）》，人民出版社 1999 年版，第 24 页。

不仅没有单独编制政府预算草案（仅仅在国民经济计划中列出预算），更谈不上执行《宪法》关于向全国人大报告预算和决算的规定。直到 1979 年，才重新回到正确的轨道上来。

（二）改革开放后预算报告制度的恢复

"文化大革命"结束后，我们党和国家的各项工作陆续恢复正常。1979 年 6 月 21 日，第五届全国人民代表大会第二次会议听取和审议时任财政部部长张劲夫同志作的《关于一九七八年国家决算和一九七九年国家预算草案的报告》，恢复了中断了 13 年的预算报告制度。1979 年 7 月 1 日，第五届全国人民代表大会第二次会议通过《中华人民共和国地方各级人民代表大会和地方各级人民政府组织法》，规定全国人民代表大会和地方人民代表大会审查和批准本行政区域内的国民经济和社会发展计划、预算及其执行情况。自此，由财政部部长代表政府向全国人大做预算报告并由全国人大审查批准的制度得以正式恢复。

1991 年 10 月 21 日，国务院颁布实施《国家预算管理条例》，规定各级人民政府、各部门、各单位应当编制预算草案，由本级人民政府审定后，提请本级人民代表大会审查和批准。此后，预算草案也成为向人大报告的内容。整体而言，20 世纪 90 年代的预算报告篇幅不长，以《关于 1993 年国家预算执行情况和 1994 年国家预算草案的报告》为例，全文 12000 余字，分为预算执行情况、完成情况，以及 1994 年预算草案三部分。当时的预算报告较为突出的一个特点是对财政收入说明较多，对支出控制说明较少，这与财政工作和改革的重点放在确保收入方面有关。

1994 年 3 月 22 日，第八届全国人民代表大会第二次会议通过《预算法》。其中，第八条规定："国家实行中央和地方分税制。"该法对预算管理职权、预算收支范围、预算编制、预算审查和批准、预算执行、预算调整、决算、监督、法律责任等作了详细规定。从 1995 年开始，中央和地方预算草案分别说明，这意味着我国政府预算管理及预算报告制度向着法治化、规范化、科学化迈出了重要一步。然而，由于当时的年度预算仅包括预算内资金，并以总额编制，没有细化至具体部门的数据，立法机关无法进行全面且实质性的审查。

1998 年 12 月，全国财政工作会议提出建立公共财政基本框架及相关原则。此后，财政改革的重点转向预算管理领域，启动部门预算改革，推行"收支两条线"管理、国库集中支付等系列制度改革，有效提高政府预算的完整性统一性。从预算报告的角度看，向全国人大报送按功能预算汇总的中央财政总预算越来越详细。2000 年，国务院向全国人大报送的预算草案首次包含了 4 个中央部门的部门预算，2004 年增加到 34 个，2006 年增加到 40 个，基本覆盖国务院所有职能部门。2009 年，向全国人大报送的部门数量增加至 95 个。

自 2001 年开始，财政部不仅将涉及人民群众根本利益的教育、科技、医疗、社保等重大支出总量和结构情况报送人大审议，而且对不能列入部门预算的项目安排情况，财政部在向国务院报告的同时也向全国人大备案。人大代表可以仔细审议政府预算，对预算安排提出质疑，关注财政资金是否真正用于公共目的。

2007 年 1 月 17 日，国务院第 165 次常务会议通过《中华人民共和国政府信息公开条例》，从 2008 年 5 月 1 日起施行。按照该条例的要求，从 2009 年开始，中央部门开始向社会公开部门预算。2010 年报送全国人大审议预算的 98 个中央部门之中，有 75 个公开了部门预算。2011 年，公开部门预算的中央部门数量增加到 92 个，并有 90 个中央部门公开部门决算。但当时各部门公开的预算信息较为粗放，具体支出结构、去向无从知晓，最受公众关注的"三公"经费没有单独列出。

需要特别指出的是，自 2005 年起，预算报告不再由财政部部长口头向大会报告，改为书面印发给全体代表阅读、审查。这一做法一直延续至今天。

三、新时代政府预算报告制度改革

党的十八大之后，我国进入中国特色社会主义新时代。党的十八届三中全会赋予财政一个前所未有的地位和高度。预算问题不是单纯的部门工作层面的问题，不是简单的经济问题，而是事关国家治理的重大议题。2014 年《预算法》的修正实际是开启了预算改革的新时代，站到了一个新的更高平台，谋求更大进步，把已经具备现代化预算雏形的架构科学化规范化明细化，使之更加完善和定型。

（一）预算报告成为新时代预算现代化的突破口

在政府预算管理的过程中，预算报告发挥着承前启后的作用，往前联系着部门预算编制，往后影响到预算执行和绩效评价以及问责。预算报告的编写、审查和批准，是推动现代预算制度改革的重要载体，也是 2014 年以前较为薄弱的一个环节。改革预算报告制度，会倒逼预算编制的科学细化，提高预算执行规范化程度，加强绩效评价及问责。所以，预算报告的编制和审查工作不是一个简单的技术方面的工作，实质是政治层面的改革，从根本上影响预算权力的分配，形成更加科学合理的权力格局，保障建立健全现代化预算的顺利推进。

（二）预算报告的写法与改进

进入新时代以来，预算报告制度经历了跨越式改革与创新，发生了诸多可喜的变化，具体包括以下七个方面：

（1）预算报告按照《预算法》的要求实现资金全覆盖。

2013 年，社会保险基金年纳入政府预算，全口径预算体系进一步完善，预算完整性初步实现。

（2）预算报告内容越来越丰富具体。"三公经费"、转移支付、政府债务、国有资产等专项内容纳入预算报告的范围。

（3）预算报告的信息沟通与交流机制更加完善。人民代表大会召开之前，人大设置了预算前置性审查和组织法制、教科文等专门委员会与预算编制部门进行沟通交流，提升预算报告和部门预算草案编制的科学性合理性。人民代表大会期间，财政部门派工作人员驻会，针对人大代表的提问进行答疑。人民代表大会闭会期间，财政部门主动邀请或拜访人大代表，针对财政及预算问题征求意见建议。

（4）预算报告更加重视收支变化与分析。从 2016 年开始，预算报告对政府性基金重点项目收支变化的原因进行说明，对支出增长较大的项目给予解释，使公众看得明白清晰。

（5）预算报告及预算决算向社会公开。除在本部门网站公开外，还在财政部门户网站设立的"中央预决算公开平台"集中公开。

（6）预算绩效成为预算报告和预算公开的重要内容。自 2003 年试点财政资金绩效评价改革以来，花钱必问效、无效必问责已成为全社会共识。2017 年共有 10 个部门的 10 个重点项目的绩效目标随部门预算一并向社会公开，2018 年则增加到 26 个部门的 26 个项目，未来将逐渐覆盖所有部门整体及项目的绩效信息。

（7）预算报告的写法越来越亲民。由于预算的专业性较强，为了增强易读易懂性，预算报告在正文之后列示了大量饼图、柱形图、专题说明并使用二维码图片进行了内容扩展，便于非专业人士及社会公众在短时间内了解相关背景，读懂预算。

（三）现行预算报告的体例与结构

经过不断完善，我国政府预算报告已经形成相对固定和成熟的体例，大致分为三个部分：

第一部分，报告上一年度的预算执行情况，包括四本预算的收支完成情况，以及在各支出领域取得的工作进展和成效，也会对存在的主要问题与困难加以说明。遇到换届年，还会把五年来的工作成绩做一个总结。

第二部分，报告当年的中央和地方预算草案安排情况。在分析财政收支形势、国内外环境的基础上，根据党中央重要部署、中央经济会议精神以及财政政策的基调，确定当年预算编制和财政工作的指导思想和原则，提出具体财政税收政策，列示中央、地方以及全国预算收入预计和支出安排，以及完成全年预算任务的工作措施。

第三部分，报告当年财政改革发展主要举措。根据当年形势的需要，推出重大财政改革，着力解决财政经济及社会等领域重点难点痛点问题，有效发挥财政在国家治理中的基础性支柱性作用。

总体上看，我国的政府预算报告内容完整，结构清晰，逻辑严密，言简意赅，符合《预算法》的要求，对政府工作报告、计划报告形成支撑，围绕中心、服务大局、立足财政职能用事实和数据说话，客观反映取得的成绩，清醒认识存在的问题，务实提出政策举措，赢得了人大代表对预算报告的认可和赞同。

四、人大代表和社会公众对预算报告的诉求

人大代表和社会公众是预算报告的需求方和使用者，要想使预算草案报告得到更大的认同和更高的评价，预算报告的起草过

程中要"开门"征求人大代表和公众意见，与相关领域专家、社会各阶层多沟通、多咨询，更好地满足人大代表和社会公众对预算报告的诉求，以翔实准确的数据更全面地反映党和国家的方针政策。

（一）人大代表的诉求

（1）提前并延长预算报告的审查时间。每年"两会"期间供代表参阅的预算资料合计多达上千页，但可供代表审查预算的时间较短，大会期间代表们不仅要看材料，还要发言，实际上仔细审读预算材料的时间十分有限。许多人大代表认为，真正要做到负责任的预算审查，就必须改变时间安排，为审查预算报告和草案留足时间，才可以给出全面客观的结论。

（2）预算报告内容仍有待细化。具体来看，一是项目支出和其他支出内容不够细化，不披露资金是怎么使用的。在地方政府尤其是基层政府的预算中，"其他支出"的数额较大，看不到具体支出用途，加剧了"乱花钱"的风险。二是对于转移支付，有人大代表指出有部分转移支付存在没有列明支出去向的情况，有些专项转移支付未落实到地区和项目。

（3）缺少判断预算是否合理的信息。例如，某个单位列出了工资支出总额，那么审核这个单位的工资支出是否合理，就需要知道该单位的人员数量和具体结构以及各类人员的工资标准。再如，年度预算表格中可增加反映每项财政资金连续5年的支出数据，便于代表在审议中进行比较。对重点支出项目在纵向同比分析基础上，开展各地区的横向对比分析，明晰各地区存在的差异，更好地监督重点领域资源投入效果，打造透明预算。

（4）为预算审查提供专业性、技术性、政策性咨询支持。从实际情况看，人大特别是地方人大缺少这方面的专门机构和专业人员，可以委托专家等第三方对预算报告进行审查，提交审查报告供代表参考，代表们花较少的时间去看懂预算报告，花更多的时间去讨论预算报告。

（5）制定预算报告的范本和模板。为避免各级财政部门编写报告时在概念、术语、专用词汇、计算口径等方面的"百花齐放"现象，可以在充分借鉴国内外先进经验基础上，建立中央、省、市、县各级预算报告格式、表格模板，采用统一的概念、口径、计算方式，表格可设立收入、支出、债务、资产等栏目，各地只需如实填写即可。

（二）社会公众的诉求

（1）预算报告要着重反映预算如何满足公众需求。政府预算对公众需求领域的支出安排及优先顺序就是政府对民意的最佳回应，预算报告应着重说明政府预算与公众需求之间的关联。政府的长期发展战略也是民众需求的重要选项。鉴于此，预算报告需要说明为什么财政支出重点投向某几个领域，支出决策是基于哪些国家战略、发展规划以及公众的何种需求而确定的。

（2）明确预算报告中财政资金投入的预期目标和结果。社会公众关注预算报告的很重要的一个初衷，就是希望了解预算资金投入使用以后，政府预期要实现哪些目标，发挥哪些作用，解决哪些问题，能够为老百姓带来哪些实实在在的好处，以及对推动整个社会的进步与发展有哪些作用和益处。

五、深化政府预算报告制度改革

财政部门是预算报告的第一责任主体，肩负着编制预算报告的主要责任。各支出部门负责本部门的预算编制和执行，对财政资金的使用更有发言权，也担负着辅助财政部门编制预算报告的职责。财政部门与各支出部门协同完成政府预算报告的编制，共同接受人大的审查，认真回应社会关切，可以有效提高政府预算报告的水平和质量，优化政府预算报告制度体系。

（一）提升预算报告的政治站位

预算报告的编制方向要从技术性、工作性走向政策性，跳出财政编政府预算、跳出部门编部门预算。中央预算报告要与党中央、国务院的决策部署紧密结合，在预算安排中贯彻落实党中央、国务院的大政方针。地方政府的预算报告要充分体现本地区经济社会发展的规划与政策。预算报告内容上可以通过分析各级党委和政府的施政方略、发展目标，以及本地区产业、就业、城镇化等经济形势入手，找准财政政策发挥作用的着力点，再落实到具体的预算收支安排上；预算草案中也应相应增加一些对宏观经济形势的预测分析情况的说明。

（二）建立更加完善的意见表露与汇集机制

立法机关代表人民审查批准预算报告和草案，需要通过人大代表及人大专门委员会与社会公众保持多样化的信息交流和意见交换渠道，增强社会公众对预算编制、审查、实施等环节的理解、认同与支持。财政部门与支出部门在编制政府预算的过程中，加强与立法机关、人大代表、政协委员、社会公众代表、专家学者、利益相关方等沟通协调，主动为他们介绍预算编制的基础、方法和依据，让各方意见在编制前和编制中得到充分表露与汇集，避免事后"亡羊补牢"。这样不仅能为预算报告与草案的通过争取到更多的支持，更能从根本上提高预算编制质量，改进预算报告效果。

（三）提高预算报告的可读性

审查和使用预算报告的人大代表和社会公众绝大部分并不是财政领域的专业人士，预算报告的内容如果太过专业性，显然会增加其理解难度，降低传播能力。因此，撰写预算报告的工作人员要努力改进文风，尽可能做到行文朴实简洁，使报告更接地气，对一些必要的专业性表述，通过后附名词解释加以说明，同时还要加强报告与草案的衔接，做到既能相互对照，又避免不必要的重复。在预算报告全文的基础上，可以考虑增加面向大多数代表的简化预算报告，在简化预算报告中尽量减少使用专业术语，并缩减对于代表们进行投票并不急需的内容，突出重点信息以方便代表们更好地了解政府预算，重点解释理解难度大而且十分重要的信息，从而降低非专业人士理解预算报告的难度。

（四）丰富预算报告的表达和传播形式

政府预算报告包含大量数据，而单纯的数据往往不能对使用者的大脑产生很深的刺激。对于某些数据，特别那些关键且难以理解的数据，审查者和使用者往往需要花费很多的时间和精力进行反复的查看，才能明白其中的含义。预算报告采用图示法、专栏介绍等灵活多样的表达形式，比单纯使用文字表达可以更加直观详细地表达重点内容。比如，结合图示能够简明扼要地解释报告中数据，进行分析也会有的放矢，这不仅可以提高预算报告中的可理解性，还能节省代表们大量的查阅时间，提高预算报告讨论效率。此外，还可以采取新媒体等人大代表和社会公众都喜闻乐见的传播手段丰富预算报告的表达形式。比如，使用漫画和彩图表达枯燥的数字，借助微信、微博等新媒体解读预算草案报告，有助于人民代表、政协委员、社会公众读懂政府预算。

（五）完善地方预算报告工作

预算报告的编写水平和预算公开程度在不同地区间存在较大差异，广东、北京等东部地区在预算报告编写和预算公开方面的探索实践可以为全国的改革提供经验。比如，广东省人大常委会曾专门就底线民生问题提前介入预算编制，完善省级财政预算支出联网监督系统，引入第三方对政府重大投资实行绩效评估监督。再如，广州市人大常委会在人代会前组织财经委委员、部分代表和有关专家对预算草案进行先行审查，人民代表大会期间安排每个代表团分别专题审查一个部门预算和一个政府投资重点项目预算，要求部门预算单列并细化"三公"经费和专项支出，开展社保资金预算执行专题调研监督。各级地方政府的预算报告编制和审查应在广泛调研和总结先进地区经验的基础上，结合本级政府实际情况进一步完善，以实现各地方预算报告工作的均衡发展与全面完善。

第四章 全面实施预算绩效管理

2018 年 9 月，中共中央、国务院颁布《关于全面实施预算绩效管理的意见》，要求加快建成全方位、全过程、全覆盖的预算绩效管理体系，实现预算和绩效管理一体化，着力提高财政资源配置效率和使用效益，为经济社会发展提供有力保障。这是新时代推进国家治理体系和治理能力现代化的内在要求，是增强政府公信力和执行力、提高人民群众满意度的有效途径，是建设高效、责任、透明政府的重大举措。

一、预算绩效管理的内涵与特征

在现代社会，政府承担着繁重的政治、经济、社会等职能，通过政府行政等一系列公共活动来管理公共事务、维护公共利益。任何一项政府行为，都涉及"该不该办这件事""花多少钱办这件事""绩效与成本比较是否值得"等三个基本问题。从根本上说，政府行为及其预算必须讲求绩效。

（一）预算绩效及其影响因素

何为绩效？对此，人们的观点并不完全一致。就一般而言，所谓"绩"，是指产出。所谓"效"，是指结果，是产出的进一步延伸。结果与产出是有区别的，后者是指政府部门生产多少公共产品和服务，而前者则是政府部门实现了某种目标。产出再多，但没有达到预期目标，都是无用的。例如，政府修了一座桥，这座桥就是产出，而这座桥到底给经济社会带来了什么，比产出本身更重要。具体讲，这座桥每天的车流量、人流量是多少，大概有多少人受益，它给地方经济带来多大的拉动力等，为衡量产出提供了价值标准。所以，政府在行为导向上不能一味片面追求产出，产出多，未必代表结果好，应在追求产出与结果的协调基础上实现绩效最大化。

世界上包括发达国家在内的几乎所有国家，其政府在财政资源的使用上都存在着程度不同的效率偏低问题。事实表明，实现政府绩效的最大化，绝非一件容易的事。之所以这样讲，主要是基于对政府行为及其影响因素进行的客观分析。

（1）政府行为是建立在公共权力基础上，以行政强制力和命令—执行为特征的行为方式，关注的是命令的执行时间和执行方式，其行政的资金基础来自税收等强制收入，一般不存在破产风险，而且必要时可以运用权威动员全社会的资源，从而显现出具有注重过程和目标达成而不计成本投入的特点。

（2）政府行为是建立在一系列"委托—代理关系"的基础上，面临着由信息不对称问题引发的逆向选择和道德风险等问题，即代理人可以不直接承担其特定经济行为所造成的经济后果，导致委托人可能要承担不同程度的经济利益损失。由于社会公众与政府之间的委托—代理关系具有纯粹授权属性，既无具体的财产所有者，也无明确的委托人，从而很难建立有效的激励机制。就监督机制而言，虽然可以最大限度地减少代理人行为的随意性、盲目性、专断性，但也在一定程度上削弱了代理人的积极性、主动性、能动性，从而可能会适得其反。

（3）政府行为本质上具有非营利特性，与私人企业存在根本性的差异，这在客观上增加了对政府部门及其公共机构实际业绩考核的难度，而且政府活动的行为目标比较复杂且有一定的模糊性，往往还具有极高的垄断程度，即非市场供给或垄断供给，因此，大多数场合很难找到对政府部门或官员进行业绩考核的一般标准或可比标准，反而诱使政府部门或官员追求预算最大化，而非绩效最大化，导致政府活动的低效率。

（二）预算绩效管理的概念与特征

预算绩效思想在东西方文化中都早已萌生，实践中形成了各有差异的发展路径。进入近代以来，西方发达国家在工业化、市场化和民主化背景下，率先建立起一套具有一定可行性的预算绩效管理制度模式。从理论上讲，所谓政府预算绩效管理，是通过设定有意义的绩效目标、衡量进展情况、为决策者在配置有限资源和审议优先次序时提供信息，从而在公共服务中创造出最大价值。预算绩效管理可以从以下三个层次理解：第一个层次，预算绩效管理是一种新的预算理念，是在现有法律框架和政治程序下，追求预算管理效率、效果和有效性的理念；第二个层次，预算绩效管理是一种预算管理模式，即以优化财政资源配置、提高财政资源使用效益为导向的预算管理模式；第三个层次，预算绩效管理是多学科理论创新的制度载体，经济学、政治学、管理学、法学以及信息学等都对预算绩效的产生与发展具有重要影响。

可以说，预算绩效管理思想的提出，不仅带来预算编制方法上的创新，更是预算管理制度模式上的一次革命。与传统预算相比，预算绩效管理具有如下特征：

（1）以结果为导向的预算。预算绩效管理强调的是结果，而不仅仅是支出部门的产出。所以，以"结果为导向"的预算绩效管理，不仅关心政府在做什么，更关心政府所作所为的最终成效，实质是强调预算资源分配与支出结果之间的有机联系，注重财政支出的有效性。更加全面地讲，在预算绩效管理模式下，财政部门不仅注重财政资金的投入，更注重对财政支出进行追踪问效；政府部门不仅关注其所提供的公共产品和服务的数量，更关注公共产品和服务的质量和效果；社会公众更加关注政府部门工作成效以及政府提供公共服务的质量和水平，具有很强的监督政府和监督预算的意识。

（2）可量化衡量的预算。与传统预算相比，预算绩效管理更加关注预算执行结果。对绩效目标及其完成情况进行分解、衡量及评价，是实施预算绩效管理的重要步骤。通过设立绩效指标体系，在财政资金使用的最终成果和资金使用效率等方面对绩效目标进行量化；同时，设立绩效标准，以便对预算绩效目标的实现情况进行比较、判断。

（3）年度内目标与中长期规划相结合的预算。如果制定年度预算时不与中长期规划相结合，很容易产生短期行为，这种条件下实现的绩效不可能是最优的。因此，预算绩效管理要求政府部门在制定绩效指标时必须结合政府及其自身的中长期规划来设计，并且要把这一中长期规划细化到每个年度，而年度预算绩效目标的执行结果又将成为制定下一年度预算或修正中长期规划的依据，从制度上保证了政府部门工作的连续性，从而消除政府短期行为的不良倾向。

（4）管理者享有较大自主权的预算。传统预算模式更重视对投入的控制，往往用条条框框约束政府部门管理者的具体活动。这种预算管理在一定程度上确保了财政资金的安全性，但政府部门管理者缺少灵活性、主动性，无法根据实际情况管理使用预算资金，资金使用的最终结果往往受到不利影响。预算绩效管理模式下，为了确保政府目标的实现，赋予部门管理者更大的自主权以及相对应的责任。在部门或预算单位自主权越来越大的情况下，问责机制与预算监督更加健全和完善，比如公众对政府的问责与监督、政府与公众对公共部门的问责与监督等，更有利于保障预算绩效的最大化。

（5）激励与约束并举的预算。传统预算更重视预算的约束机制，预算绩效管理则重视激励与约束并举。一方面，预算绩效管理强调政府提供的每项公共产品和服务都是有成本的，应当取得与成本相匹配的效益，否则就是无效或浪费，必须予以必要的惩罚，对政府行为形成有效约束；另一方面，预算绩效管理赋予部门或预算单位管理者必要的自主权，极大激发各级管理主体充分发挥自身的积极性和能动性，而且基于政府各部门或单位的预算绩效实施必要的奖惩制度。从某种意义上说，有效的激励也是一种约束。

（6）参与性更强的预算。传统预算制度下，预算编制和管理的任务主要集中在财政部门及支出部门的财务处室，业务处室往往只有花钱的权利，没有管钱的义务，缺少关心资金效益的积极性与主动性。预算绩效管理模式下，充分体现了分工协作的原则，从预算编制开始直到最后执行结果的绩效评估，都需要相关业务处室的工作人员，甚至广大社会公众的参与，实现财务与业务的有效整合。

（7）对结果全面报告的预算。预算绩效管理要求对绩效目标的实现情况向立法机关及社会公众进行及时、全面的报告。预算绩效报告既是对绩效考评工作的总结，也是以后年度预算分配的重要依据。从内容上看，主要包括预算绩效目标、绩效评价指标、绩效考评标准以及绩效目标实现情况等信息。在预算绩效报告的基础上，完成了预算的闭环管理。

二、从绩效评价到预算绩效管理

2003 年 10 月，党的十六届三中全会提出"建立预算绩效评价体系"的要求。2008 年 2 月，党的十七届二中全会要求"推行政府绩效管理和行政问责制度"。按照党中央、国务院的决策部署，财政部门积极开展财政支出绩效评价改革，在理论研究、制度建设、机构设置和评价试点等方面都进行了有益尝试，为新时代全面实施预算绩效管理打下了良好基础。

（一）开展财政资金绩效评价

2003~2011 年的几年间，财政部门和各支出部门坚持制度先行、逐步完善的原则，稳步推进财政资金绩效评价试点工作。有的地方还成立了专门的绩效评价机构，专职负责绩效评价工作。由于各地情况、基础工作等差异较大，这项试点工作在全国的进展很不平衡，但也积累下具有共性特征的宝贵经验。通过采用单位自评、财政部门复评、支出部门评价、财政部门与支出部门联合评价等方式，建立由专家、中介机构等多方参与的第三方评价体系，尝试在评价过程中运用专家评价法、问卷调查法、群众询问查证法等多种方法，逐步建立起由制度、指标、方法、组织、成果运用等要素构成的绩效评价体系。这些办法的制定和成功实施，标志着财政资金绩效评价制度和以"追踪问效"为导向的预算管理模式得到建立，为实现财政资金科学、规范、高效使用和管理提供了制度保证。

总体来看，这一时期的财政支出绩效评价工作具有以下特点：一是绩效评价内容逐步扩展，从最开始的政府投资项目绩效评价逐步扩展到整个部门预算、项目支出预算等，基本覆盖了所有的预算支出。二是绩效评价范围逐步扩大，从最初的经济建设部门、教科文部门逐步扩至所有部门。三是绩效评价指标体系逐步健全，从最初简单的指导性指标逐步形成了结构性的评价指标体系。四是绩效评价结果运用越来越受到重视，不仅作为财政部门安排下一步预算资金的重要参考依据，而且还要按照政府信息公开有关规定以适当方式进行公开，接受预算监督。

（二）建立全过程预算绩效管理体系

财政支出绩效评价本质上是一种价值判断，理念和方法上更加强调评价内容的完整性和全面性、评价过程的动态性和连续性。完整意义上的绩效评价应该包括事前、事中、事后三部分，只有对这三个阶段进行通盘联结，并强化对评价结果的运用，财政资金才会大幅度减少决策失误和管理失误。开展绩效评价工作，客观上要求在预算管理过程中各行为主体之间既要各司其职，又要有机衔接。如何发挥好各自的权责，使其形成一个良性闭合的系统，将绩效评价工作推向更高层面的全过程预算绩效的统筹管理，是预算管理制度改革的必然方向。

2009 年，财政部在预算司设立预算绩效管理处，作为指导全国预算绩效管理的专职机构。2011 年 7 月，财政部出台《关于推进预算绩效管理的指导意见》，提出推进预算绩效管理的指导思想和原则，明确规定包括绩效目标管理、绩效运行跟踪监控管理、绩效评价实施管理、绩效评价结果反馈和应用管理等覆盖预算全过程的管理要求。这是在全面总结各级财政、财务部门深化预算管理改革、开展财政支出绩效评价、构建预算绩效管理体系、探索评价结果应用等方面积极探索和有益尝试基础上提出来。可以说，预算绩效管理这一概念，是对前阶段财政资金绩效评价的传承发展。

预算绩效管理的目的是用最佳的方法干最有意义的事，并取得最好的结果。要想达到上述目的，关键在于实现预算管理与绩效管理的有机结合。对于这一关键问题的解决，构成了预算绩效管理的主要框架内容。具体而言，需要采取恰当的改革战略，建立全过程预算绩效管理体系，并在此基础上逐步将全部财政资金、所有预算单位纳入这个全过程预算绩效管理体系之中。

（三）全面实施预算绩效管理

党的十八大之后，按照党中央、国务院有关要求和预算法规定，财政部门积极推进预算管理制度改革，中央财政已经初步构建起以项目支出为主的一般公共预算绩效管理体系，部分地方也结合实际做出有益探索，为预算绩效管理奠定了良好基础。但也要看到，现行预算绩效管理中仍然存在一些突出问题，主要是绩效理念尚未牢固树立，绩效管理广度和深度不足，绩效激励约束作用不强，预算绩效管理对提高财政资源配置效率和使用效益的作用没有充分发挥。2017 年 10 月，党的十九大报告要求"建立全面规范透明、标准科学、约束有力的预算制度，全面实施绩效管理"。2018 年 9 月，中共中央、国务院颁布《关于全面实施预算绩效管理的意见》，着力解决预算绩效管理中存在的突出问题，创新预算管理方式，更加注重结果导向、强调成本效益、硬化责任约束，从"全方位、全过程、全覆盖"三个维度推动预算绩效管理在全国范围内全面实施，为新时代预算绩效管理工作提供了根本遵循。

在预算编制环节，突出绩效导向。将绩效关口前移，各部门各单位要对新出台重大政策、项目，结合预算评审、项目审批等开展事前绩效评估，评估结果作为申请预算的必备要件，防止"拍脑袋决策"，从源头上提高预算编制的科学性和精准性。加快实现本级政策和项目、对下共同事权分类分档转移支付、专项转移支付绩效目标管理全覆盖，加快设立部门和单位整体绩效目标。财政部门要严格绩效目标审核，未按要求设定绩效目标或审核未通过的，不得安排预算。

在预算执行环节，加强绩效监控。按照"谁支出、谁负责"的原则，完善用款计划管理，对绩效目标实现程度和预算执行进度实行"双监控"，发现问题要分析原因并及时纠正。建立重大政策、项目绩效跟踪机制，按照项目进度和绩效情况拨款，对存在严重问题的要暂缓或停止预算拨款。加强预算执行监测，科学调度资金，简化审核材料，缩短审核时间，推进国库集中支付电子化管理，切实提高预算执行效率。

在预算决算环节，全面开展绩效评价。加快实现政策和项目绩效自评全覆盖，如实反映绩效目标实现结果，对绩效目标未达成或目标制定明显不合理的，要作出说明并提出改进措施。推动预算部门和单位开展整体绩效自评，提高部门履职效能和公共服务供给质量。建立健全重点绩效评价常态机制，对重大政策和项目定期组织开展重点绩效评价，不断创新评价方法，提高评价质量。

在结果应用环节，强化刚性约束。健全绩效评价结果反馈制度和绩效问题整改责任制，形成反馈、整改、提升绩效的良性循环，建立绩效评价结果与预算安排和政策调整挂钩机制，按照奖优罚劣的原则，对绩效好的政策和项目原则上优先保障，对绩效一般的政策和项目要督促改进，对低效无效资金一律削减或取消，对长期沉淀的资金一律收回，并按照有关规定统筹用于亟须支持的领域。

在绩效管理范围方面，推动扩围升级。绩效管理要覆盖所有财政资金，延伸到基层单位和资金使用终端，确保不留死角。推动绩效管理覆盖"四本预算"，并根据不同预算资金的性质和特点统筹实施。加快对政府投资基金、主权财富基金、政府和社会资本合作、政府购买服务、政府债务项目等各项政府投融资活动实施绩效管理，实现全过程跟踪问效。推动绩效管理实施对象从政策和项目预算向部门和单位预算、政府预算拓展，提升预算绩效管理层级，增强整体性和协调性。

在监督问责方面，硬化责任约束。财政部门会同审计部门加强预算绩效监督管理，重点对资金使用绩效自评结果的真实性和准确性进行复核，必要时可以组织开展再评价。对绩效监控、绩效评估评价结果弄虚作假，或预算执行与绩效目标严重背离的部门和单位及其责任人进行追责问责。

在透明度方面，加大绩效信息公开力度。重大政策和项目绩效目标、绩效自评以及重点绩效评价结果随同预决算报送同级人大，并依法予以公开。建立部门和单位预算整体绩效报告制度，促使各部门各单位从"要我有绩效"向"我要有绩效"转变。

在社会参与方面，推动多方力量积极发挥作用。引导和规范第三方机构参与预算绩效管理，加强执业质量全过程跟踪和监管。搭建专家学者和社会公众参与绩效管理的途径和平台，自觉接受社会各界监督，促进形成全社会"讲绩效、用绩效、比绩效"的良好氛围。

三、预算绩效的信息瓶颈约束

预算绩效管理模式下，通过有目的的预算规划、行之有效的评价和激励约束机制，将预算责任、效率和公正以透明的方式表达出来，并不断加以改进。从实践角度看，预算绩效管理要求及时掌握政府各部门应该和可能做到什么、做到何种程度、什么时候完成等信息，并依据这些信息与参照政府部门的绩效目标，对部门预算进行有效监督。离开了这些信息，预算绩效管理便成了无源之水、无本之木。事实上，预算绩效管理面临着诸多信息瓶颈，对这项工作自身的绩效形成了硬性约束。

（一）信息不完全

就一般而言，信息更多的只是有关行为的一种解释。实际上，没有人能够洞悉一切，也不可能每个人都有相同的认知。此外，获取信息往往是一项成本很昂贵的活动，由于信息不充分、信息不对称等客观现象的存在，现实中很难获取到预算绩效管理所需要的充分的信息。所以，信息不完全从根本上制约着信息功能作用的有效发挥，制约着预算绩效管理活动的顺利开展。

（二）信息孤岛

在日常工作中，预算编制、预算执行（用款计划、拨款、集中支付、工资统发、政府采购、非税收入）、决算、监督等各项业务工作是一个整体，但又具有相对分散、各自独立的管理信息系统，由于这样或者那样的原因，各管理业务的数据往往不能实现共享，处于明显的信息孤岛状态。跳出财政部门看，信息孤岛现象也广泛存在于其他支出部门中，最终导致本应共享的诸多信息却以分散的岛状形态存在，使得信息所能发挥的功能大打折扣。

由于信息的重要性，很多机构往往都设立专门的信息部门或信息收集者。有些机构还建立了专门的信息库，收集各种文件、档案、报告、资料等。除对信息进行简单收集整理外，有些机构还设立了一些调研和审查部门。在这种情况下，当信息收集者和信息利用者之间出现了分离，这时就需要通过精心设计的制度安排来促进两者之间的沟通，以免收集的信息不当，或者有价值的信息未能得到有效利用。所以说，尽量对各种信息进行分类，通过多种反馈渠道，将许多零散甚至矛盾的信息结合成一个有条理的整体，才能发挥出信息应有的价值与效能。

（三）信息沟通不畅

郝伯特·西蒙认为，"信息沟通是一个组织成员向另一个成员传递决策前提的过程"[①]。也就是说，信息沟通是一个双向过程，既包括向决策中心传递命令、建议和情报，也包含把决策从决策中心传递到组织的其他部门。良好的信息沟通对于预算绩效管理的重要性，是不言而喻的。然而，找出有用的信息并应用于预算绩效管理中，常常是非常困难的。由于信息不可能从其产生处自动传递到相关管理或执行主体，它必须依赖于人来传递。因而，信息在传递过程中，面临信息阻碍与信息扭曲等问题。

比如，信息在传递过程中常常遭到相关管理主体的压缩，而这个压缩过程往往要对信息进行过滤。因为相关行为体倾向于传递好消息，压制坏消息。这种做法不仅破坏了信息沟通，而且可能因阻止一些问题的初期征兆而导致巨大灾祸。经验告诉我们，组织规模越大，其内部行政所需的努力和花费就越大，信息失真的可能性也越大。也就是说，与涉及面广、机构庞大的中央政府相比，一个管理范围狭窄、机构精简的地方政府更有可能掌握较为确切的信息。

信息扭曲还与不确定性吸收有关。所谓不确定性吸收，是指经过层层传递原本被搜集者认为是假设的、不确定的以及薄弱的信息，通过决策层逐级往上呈送后，逐渐成为最终的、确定的以及牢靠的信息。原始信息的不确定性，被不同的决策或管理层所吸收，最终导致信息的扭曲。

---

① 郝伯特·西蒙：《管理行为》，机械工业出版社 2007 年版，第 149 页。

信息传递中的扭曲和阻碍，还与信息搜集者和决策者的价值判断或偏好等因素有关。例如，有些行为主体为了支持自己所偏好的决策选择，其信息收集和分析工作时便可能围绕着有利于该决策的通过而展开，有意或无意地忽略了对该决策不利的一些客观信息。有时，管理人员的专业训练也会使得他们在选择信息时持有某种偏好。比如，具有工程背景的决策者可能对工程方面的信息更感兴趣，并更倾向于传递这方面的信息。

（四）反馈过度

所谓反馈过度，是指在负反馈调节系统中，控制装置接到寻的装置发现的位置信息后，每次都做出了过头的调节，从而形成振荡，这种现象被称为反馈过度。举个例子，导弹打飞机是依靠负反馈调节来实现的。虽然飞机为了不被击中，总是不断变换自己的飞行方向，但导弹中有一个调节装置，可以不断地把飞机每一时刻的实际位置和导弹的实际位置进行比较，当两者有差距时，调节装置就根据这个差距改变导弹的飞行方向，使差距不断缩小，直到击落飞机为止。然而，如果这一负反馈搞得不够精确，偏过了头，就会出现故障，发生振荡现象。寻的装置发现导弹的位置在飞机的右边，调节装置会根据这一偏差重新调整导弹航向，使它向左飞行。如果调得不够精确，偏过了头，导弹又会跑到飞机的左侧去……就这样，每次不是偏左就是偏右，永远打不中飞机。信息理论指出，任何负反馈调节系统如果出现反馈过度，都会从一个逐步逼近目标的稳定过程转化为振荡过程。

在政府预算绩效管理中，基于负反馈控制系统可以对预算收支进行及时调控，如果调控精确度不够，尤其是出现过度调控时，就会发生上述振荡现象，而无法起到纠错校正作用。反馈过度①是预算绩效信息管理系统务必戒除的一类现象。从根本上说，政府预算必须讲究绩效。但实现预算绩效的最大化，绝非一件容易的事。从某种意义上看，预算绩效管理实质上就是对相关绩效信息的收集、整理、分析和运用的过程，基于多层次的信息需求，建立有效的信息管理系统，依据经济（economy）、效率（efficiency）、效益（effectiveness）和公平（equity）等原则开展信息收集、分析与评价等工作。即便如此，现实中由于客观存在的信息不完全、信息孤岛、信息沟通不畅以及信息反馈过度等问题，为预算绩效管理带来多重约束，只有通过完善信息管理制度、实现信息公开与透明、强化激励与监督、运用先进信息技术等，才能打破信息瓶颈，确保预算绩效目标的最终实现。

四、迈向预算与绩效管理一体化

无论是从政府预算制度演变方向，还是从社会公众利益诉求来看，实现预算与绩效管理一体化，无疑已成为我国政府预算管理改革的基本目标。对此，一方面，要充分认识加强预算绩效管理的重要意义，切实把这项改革作为实现政府管理方式变革，逐

---

① 例如，20 世纪 90 年代的我国政府预算制度曾经在公安系统实行罚没收入与本部门支出挂钩这一管理机制，罚没收入越多，本部门的支出也越多，结果诱使一些公安机关出现过度罚款现象，甚至出现公安机关"钓鱼执法"，以便多筹集一些罚没资金。后来，这一挂钩机制得到纠正，将罚没收入与本部门支出脱钩，消除了前述存在的不良现象，但又导致的新的问题出现，即一些公安机关完全丧失了罚没收入的积极性，从而出现"应罚不罚"现象，再一次走向了反面。经过正反两个方面事实证明，如果将罚没收入与本部门支出按照一定的合适的比例挂钩，比例的设定既要调动公安机关有效履行职能的积极性，又要抑制过度罚款的不良冲动，这才算是达到成功的负反馈控制的目的。否则，都属于反馈过度。

步走向责任政府、法治政府、服务政府的具体途径；另一方面，要充分认识到改革的艰巨性，在预算绩效理念和相关管理机制成熟定型之前，预算与绩效管理一体化是很难变成现实的。

合规与绩效是预算管理的永恒话题，代表了预算管理发展的不同层次和水平。就两者的关系而言，合规是基础，绩效是归宿。实践中，若要做到合规与绩效，不仅需要以适宜的政治、法律制度环境为基础，在全社会纵横双向上形成集权适度、分权适宜的权力结构，而且需要庞大、专业的管理人员队伍和一系列涉及数据收集、加工、会计核算、财务管理、绩效评价等技术条件的支持。这些都不是一朝一夕所能容易解决的。发达国家的政府预算绩效管理也是根据不同时期、不同阶段的现实情况，适时适度地在某些方面取得局部突破，逐渐实现整体协调发展。在美国，上述过程大约耗用了 80 多年的时间，目前仍然处于继续推进与完善之中。对我国而言，实现预算与绩效管理一体化，也需要采取局部突破，协调推进的战略，其着力点可以放在合规控制、权力结构优化、绩效管理、技术基础四个取向上。

（一）控制取向下的战略选择

目前，我国政府预算管理中依然存在比较突出的财务合规性问题，需要改进与完善现有的内部控制制度与外部监督体系，通过加强预算控制，规范部门支出行为。实施控制取向的预算管理改革，有助于培养财经纪律以及在预算领域落实法治原则，也有助于预算分析能力的培养，从而为进一步的预算绩效管理创造条件。建立控制导向的预算管理模式应着力从以下三个方面入手：在政府内部建立起健全的内部控制机制；推进政府预算完整性管理改革，真正将政府全部收支纳入预算管理；严肃财经纪律，加强人大预算审查监督，加大审计力度，确保预算财务的合规性。

（二）权力取向下的战略选择

权力结构是控制的前提与基础，实施控制取向的预算管理改革，客观上需要调整与优化相关权力结构。具体要解决政府资金的分配权分散问题，将资金分配权收归财政部门统一行使，强化财政部门作为预算核心部门的地位；加强人民代表大会的政治控制作用，改革人大审查和监督政府预算的程序及内容，建立全口径审查、全过程监督体系；增强人大代表的自身责任感与预算意识，保证人民代表大会预算审查监督职能的严肃性与严格性；强化审计监督政府预算的权力，确保审计问题整改取得实质性成效并建立长效机制；政府预算依法向全社会公开，规范信息披露机制，扩大财政透明度，接受广大民众和社会舆论的监督与评价。

（三）绩效取向下的战略选择

从某种意义上讲，绩效也是一种控制。所以，绩效取向的预算管理改革与控制取向的预算管理改革有机融合，可以形成更大的预算管理效能。当然，绩效取向的政府预算改革，需要建立在健全的控制取向预算管理改革基础之上。从近期看，绩效取向的预算管理改革不能消极等待，而是应该主动出击，普及绩效理念，积累管理经验。从中长期角度来看，只有当相对完善的预算控制体系得以建立，财务合规性问题得到有效解决时，预算管理改革必然会向更高层次的绩效目标发展。而这时，预算绩效管理模式将具备更加充分的条件，无疑将在更广范围内、更深层次上得到推广与应用。

（四）技术取向下的战略选择

无论是控制取向的预算管理改革，还是权力取向与绩效取向的预算管理改革，都离不开先进的技术支撑。预算控制的建立完善、预算权力的有效行使以及绩效评价与管理的顺利开展，都需要以完善的政府会计制度、财务报告制度、政府财政管理信息系统、财政经济数据库管理等为基础。这都要求尽最大可能推进技术取向的预算管理改革，为预算绩效管理模式的全面推行奠定坚实的技术基础。

　　任何一个国家实现预算与绩效管理一体化，都不是一个轻松的话题，愿望与现实之间总是存在着巨大差距。从我国实际情况出发，坚持在合规控制、权力结构、绩效管理与技术支撑四个取向上分别改革，局部突破，协调推进，有助于使预算绩效管理模式在我国"开好花""结甜果"。进一步看，不同省区有不同的具体情况，四个取向上的改革未必都适合推行，但总能找到一个或两个容易入手的方面，点点滴滴的进步，终能汇成滔滔江河。这也是唯一正确的选择。

第五章　预算管理新理念及模式探索

2008 年之后，受美国"次贷危机"、欧洲主权债务危机、贸易保护主义、地缘政治冲突、新冠疫情等多重因素的影响，世界经济和贸易增长动能减弱，下行趋势显著，我国经济发展进入新常态，开始转向高质量发展，向预算管理提出理论模式创新的迫切需要。地方政府积极开展零基预算、参与式预算等新理念新模式的探索应用，对于缓解财政收支矛盾、实现财政资源高水平统筹具有重要的理论指导意义和实践应用价值。

一、积极运用零基预算理念

所谓零基预算，从字面意思来看，即以零为基础，核定和分配各项预算支出。从本质上看，零基预算不受以往预算安排影响，一切从实际需要和可能出发，逐项审核预算年度内各项支出内容的必要性、合理性及其开支标准，在综合平衡的基础上编制预算。传统的预算编制往往采用"基数＋增长"的方法，容易带来支出固化僵化、预算安排只增不减的局面，不利于提高财政资源统筹能力和财政资金使用效益。

（一）零基预算在我国的应用

自 1993 年起，湖北、河南、陕西、甘肃、云南、福建、广东、河北和安徽等省份先后推行过零基预算。其中，湖北、河南和陕西三省做法大体相同，均是试图通过摸清人员公用支出底数、强化定员定额管理、统一预算标准，来控制预算总额，缓解财政压力。1997 年，财政部组织编写了《零基预算》一书，介绍零基预算的相关理论和部分省市试行零基预算的做法，对零基预算在中国的实施给予高度评价。在财政部 2000 年推行的部门预算改革中，零基预算被学术界和实务界寄望于最佳的预算编制模式。但从结果来看，零基预算非朝夕之功。实践中，不少地方政府按照零基预算的要求，打破基数，让各部门自行上报预算，由财政审核排序安排，但因政府部门的职能目标繁杂，干扰排序过程和结果的因素众多，且缺少定员定额、绩效考评等基础支撑，加之各部门"狮子大张口"，汇总后的项目预算总额远超地方政府的可支配财力，财政部门难以评判预算项目的优先性，排序之事终成画饼，合理削减也无从谈起。2000 年之后，零基预算逐渐销声匿迹，地方政府重回"基数 + 增长"的预算编制"老路"。

党的十八大之后，我国进入中国特色社会主义新时代，世界进入百年未有之大变局。从全国和地方财政经济形势看，一方面，财政收入增幅放缓，财政可支配财力增长乏力；另一方面，民生支出投入力度较大，刚性支出持续增长。由此带来的财政收支平衡的矛盾骤然凸显，零基预算因其有利于缓解财政压力，压缩支出规模，又重新被纳入改革视野。2015 年，广东省率先开展零基预算改革试点，构建科学合理、公开透明、绩效优先、约束有力的预算编制体系。同年，陕西省人民政府印发《关于省级全部实施零基预算改革的意见》，决定从 2016 年起按照"统筹使用、打破基数、加强审核、硬化约束"的原则，在省级部门全面实行零基预算。随后，贵州、天津、江西①、上海、山东②等省陆续推行零基预算。2021 年 3 月，国务院发布《关于进一步深化预算管理制度改革的意见》，要求"积极运用零基预算理念，打破支出固化僵化格局，合理确定支出预算规模，调整完善相关重点支出的预算编制程序"。由此，零基预算改革迅速在全国范围内推开。

与 20 世纪 90 年代我国实行零基预算有所不同的是，此番各省推行零基预算改革，是立足于过去 20 多年部门预算、绩效管理、现代预算等系列改革取得的制度性机制性进步的基础之上，将零基预算与预算绩效管理、预算管理一体化等工作有机融合，在完善定额标准、合理核定控制数、明确绩效目标、严格项目申报、强化预算全流程控制等方面发力，打破预算安排和资金分配中存在的"基数"依赖，形成更加完善的能增能减、有保有压的预算管理机制。

（二）零基预算的局限性与改革取向

从历史上看，零基预算在它的创始国美国也始终未能成为政府预算管理的主流与重点，联邦政府及绝大多数州及地方政府最终选择并建立了较为科学、易于操作的绩效预算制度。究其原因，主要是因为零基预算存在诸多局限性，严重限制了它的推广运用和发展，而其预期目标又可以通过绩效预算的办法来实现，

---

① 按照江西省委、省政府的决策部署，省本级于 2019 年启动零基预算改革试点，2020 年推开到省直行政和参公单位。2021 年，省财政厅印发《关于深化省直部门零基预算改革的通知》。对深化省直部门零基预算改革作出相关部署，力争到 2025 年将所有省直预算单位纳入零基预算改革范围。

② 2020 年，上海、山东等地方"两会"提出打破固有预算编制模式，推行零基预算。上海强调要落实零基预算理念，打破预算安排和资金分配中存在的"基数"依赖；山东称打破"基数＋增长"的预算编制方式，对存量基数全部"清零"。

这就使零基预算在短暂兴起之后被绩效预算所取代。

（1）大大增加预算部门的工作量。决策单元的层次和覆盖范围难以确定。如果把决策单元定得层次过高，将体现不出各支出部门内部更微观的基础单元的划分，但如果层次定得太低，就会产生大量的决策包，预算编制的每一步都需要很高的时间和人力成本。1979 年，美国联邦层面共收到 25000 个决策包，美国总统预算管理办公室对其进行合并，仍然有 10000 个决策包需要排序，工作量非常庞大，成本过高，是限制其推广使用的根本原因。

（2）易受决策者偏好影响。实际上，并不是排在后面的决策包就不重要，或者就不需要财政资金支持。现实中，决策包优先顺序的决定，并不是从受益者的角度来考虑，很大程度上会受到决策者个人偏好的影响，很容易与民众需求偏离。

（3）立法或合约使一些项目无法采用零基预算。受政治因素影响，有些决策包虽然排在后面，但在政治选区和议会得到了较多的支持，也是无法削减预算的。有一些项目受到立法保护，预算编制部门无权对其资金安排进行修改或取消。有一些决策包因为与服务提供者签订了多年期的合同，资金提供不能随便更改。

（4）忽视预算资金的使用效率。零基预算的核心思想是以收定支，重视财政资金的总量控制，具体到每一个项目，政府关心的是钱投到了哪里，有没有超出预定数额，而对实际使用效果不太关心，主要在控制支出上做文章，可能反而背离了政策目标的实现。

作为一种预算编制方法，零基预算有其合理内核。根据发展战略和年度政策目标对预算支出进行排队，具有一定的合理性、可行性。然而，零基预算的生命力却系于最终的预算绩效。如果没有好的预算绩效为依托，零基预算也就失去了存在的意义。因此，零基预算的改革取向必须与预算绩效管理融合，嵌入绩效目标，引入绩效评价，会使预算编制更科学、执行更有效。这样既有利于控制支出，也有利于提高绩效，实现"钱"与"事"的融合，使得中期规划、政策设计、年度安排、项目连续性、风险控制等就有了依据、前提和基础。这有助于使预算编制更好体现战略规划目标、避免走一步看一步，为提高宏观绩效、长远绩效奠定坚实的基础。

二、参与式预算在基层政府的自主试点

我国《宪法》第一章第二条第三款规定："人民依照法律规定，通过各种途径和形式，管理国家事务，管理经济和文化事业，管理社会事务。"《预算法》第四十五条规定："县、自治县、不设区的市、市辖区、乡、民族乡、镇的人民代表大会举行会议审查预算草案前，应当采用多种形式，组织本级人民代表大会代表，听取选民和社会各界的意见。"2017 年全国人大常委会办公厅公布的《关于建立预算审查前听取人大代表和社会各界意见建议的机制的意见》提出："建立预算审查前听取人大代表和社会各界意见建议的机制。"以上法律制度规定为我国参与式预算这一基层制度创新指明了方向。自 2005 年温岭新河镇建立参与式预算制度以来，其他省份的基层政府也对参与式预算的形式和内容进行试点，对于探索更高层级政府推行参与式预算提供了有益经验。

（一）参与式预算的主要模式及其成效

所谓参与式预算，是指通过政府、立法机关、社会公众、专家学者等多元主体参与预算编制、审查、执行、监督等预算过程以形成预算决策的活动。其中，公众是参与式预算的核心主体。

从理论上讲，参与式预算主张公众直接参与公共利益相关的政府决策。政府通过协调不同利益主体的诉求，实现当前财政能力下公共利益的最大化，进而提高预算的民主性与科学性。目前，我国参与式预算主要在乡镇一级政府开展，且不同地区开展进度与成效不甚相同。其中，浙江温岭的"民主恳谈"模式与上海闵行的"预算听证"模式最具代表性。

（1）温岭"民主恳谈"模式及其成效。浙江温岭的参与式预算是由民主恳谈发展而来的。1999 年，温岭创建民主恳谈制度，群众自愿参加政府举办的民主恳谈会，针对公共问题进行磋商。2005 年 7 月，温岭市新河镇邀请群众参与人民代表大会对镇财政预算的审议，是我国参与式预算的首次实践。经过十余年的发展之后，温岭实现了对下辖 11 个镇的全面覆盖。在基层人民代表大会召开前一段时间，温岭通过自愿报名、定向邀请、随机抽取、乒乓球摇号等方式产生群众代表参与民主恳谈会，由群众、人大代表与专家学者等对预算草案进行会前初审，提出相关建议，形成初审报告。在人民代表大会召开期间，人大代表对预算草案和初审报告进行集中审议，提出修改意见。温岭市在发展参与式预算的过程中，率先实行预算修正议案制度，强化了人大的预算审批和监督权。此外，温岭市一级政府借鉴乡镇政府参与式预算的经验，在每年人民代表大会召开前两个月组织部门预算民主恳谈，通过成立参与库和专业库科学抽样产生群众代表参与部门预算草案的初审，为我国探索提高参与式预算实践层次提供了宝贵经验。

（2）闵行"预算听证"模式及其成效。上海市闵行区的参与式预算是在预算绩效管理改革进程中形成的。2008 年，为推行项目绩效预算管理，闵行区将听证制度引入预算编制、绩效考评中，社会公众通过参与"预评估"对预算草案进行会前初审，以听证会、座谈会等形式对预算执行效果进行评价。听证会有项目公示、项目说明、陈述、询问、辩论和公开听证报告等主要程序，为保障公众权利，闵行区第五届人民代表大会常务委员会第十四次会议通过了《闵行区人民代表大会常务委员会听证办法》，选择预算金额较大、存在一定争议、群众关注度高的项目进行听证，根据公众投票结果并结合当年预算支出限额、相关政策规定筛选支出项目，并逐步将预算听证延伸至部门预算草案。闵行区将绩效管理推向预算全过程，通过政府门户网站对绩效评价结果进行公示，激发了公众参与预算的热情，有效提升了政府预算的民主化、科学化、公开化。

（二）参与式预算面临的发展困境

从实际情况看，我国基层政府自主试点参与式预算在促进公众的政治参与、强化基层人大预算审查监督、全面实施绩效管理等方面取得了较好的成效，但也面临着诸多难题亟待破解。

（1）预算信息公开不完善。公众对预算信息的了解，是其参与预算管理的前提。虽然我国出台了多项法律法规推进预算信息公开，但预算信息公开在范围、深度、标准等方面仍有待改进。据清华大学课题组发布的《2019年中国市级政府财政透明度研究报告》，295个地级及以上城市中，财政透明度得分80分以上的市级政府由2018年的2个增加到6个，176个城市得分低于60分，最低得分只有8.57分。很多地方普遍存在预算项目不细化的问题，仅对"四本账"项目总额加以介绍；大多数地方公开债务限额和债务余额，未对债务结构和项目进行说明；只有少数城市能够联网查询预算，人大代表必须前往专设的预算联网监督查询室方能查询到预算信息，并非有网即可查。

（2）参与主体构建缺失。与参与式预算的客观需要相比，参与主体缺失或参与主体能力不足严重制约了这项试点的成效。在人大预算审查监督方面，我国法律未明确赋予人大预算修正权，人大对政府预算只能整体赞成、整体反对或弃权，不能针对预算草案中的项目分别进行表决，目前仅有少数省市开始出台人大预算修正权的相关条例；人大代表主要为兼职，对预算相关专业知识的了解及实地调查经验均不足，不利于人大代表有效行使预算审查监督职能。在公众参与方面，政府部门与人大代表工作站对参与式预算宣传不到位，公众获取预算听证会信息的渠道有限；公众对政府预算的关注度不高，普遍不具备与预算相关的知识储备，加上民意表达渠道不畅，降低了公众对预算的参与意愿。在专家参与方面，高校、科研机构和社会组织等第三方机构的专家介入预算过程的机会较少，未充分发挥专业技术人员在预算管理中的积极作用。

（3）制度建设有待改善。参与式预算的发展需要健全的制度体系作支撑。我国《宪法》《预算法》相关规定为参与式预算的发展提供了法律依据，但都只是原则性规定，已进行试点的各地针对参与式预算的程序、权利保障和救济出台的规范、标准不统一，且缺乏实际操作层面的规定。在预算参与程序上，存在公众代表选取方法、项目表决方式、激励机制不完善等问题，通过随机抽签的方式选择参与预算的代表，未充分考虑代表结构及其预算参与能力。采用举手票决的方式进行项目表决，不利于代表表达内心真实想法。组织指派特定人员参会的现象较普遍，导致听证会流于形式，并可能滋生腐败。公众倾向于支持能够增加个人利益的项目，而零碎化的公众需求与地区整体发展可能存在分歧或利益冲突，各地政府需优化当前的参与式预算的决策机制，兼顾预算的民主性与科学性。

（4）实践层次较低。当前参与式预算实践主要在乡镇基层政府，公众通常只参与预算初审环节，缺乏对后期预算项目的落实情况与实施效果的监督。2006 年以来，随着"乡财县管"改革的推进，乡镇政府预算资金监管更加规范，但也削弱了基层政府的财政决策权，乡镇政府在预算编制过程中对公众的意见采纳受到一定限制，导致预算听证会上所提建议难以落实。若要发挥参与式预算在现代财政制度改革和国家治理现代化中的作用，则必须提升其实践层次。但随着预算层级的提高，预算规模更大、内容更为专业和复杂，对公众在预算管理的专业素养要求也更高。同时，实践层次的提升意味着辖区居民的增多，不同利益群体之间产生冲突的可能性更大，协调难度上升。此外，参与式预算实践层级的提高将耗费更多的人力、物力、财力，增加财政压力，这对经济欠发达地区是一个比较现实的挑战。

（三）将参与式预算推广至更高层级政府

在我国，建立为人民负责的预算，客观上需要各级政府积极运用参与式预算，逐步提升公众参与预算管理的积极性、可行性、有效性。将参与式预算推广至更高层级政府，符合现代财政制度改革和国家治理现代化的发展方向。

（1）完善预算信息公开制度。我国政府预算信息公开在范围和深度上都有待加强，应细化预算公开项目，对不易理解的项目与预算调整的原因进行说明；完善相关法律规范，对预算信息公开的主体、内容、程序、时间等作出具体规定；将预算信息公开情况纳入政绩考核范围，对未达到相关规定的行为作出处罚；推动地方政府债务公开，包括债务限额及总额、债务类别、具体债务项目、各辖区债务情况、债务还本情况、债务付息情况等，将地方政府债务纳入全口径预算管理；通过召开项目听证会、媒体报道、网络公开等多种方式，及时公开公共预算执行情况，使民众能够通过多种渠道获得预算信息；通过多种途径对预算听证会的信息进行公示，并大力宣传预算知识，制作宣传片对预算编制、审议、执行、监督的程序进行讲解，增进社会对预算过程的了解，提升公众参与预算的能力。

（2）健全公众参与预算的制度机制。在公众代表选取方面，应规范遴选方式、程序设计，可通过成立参与库和专业库的方式，在会议召开前设定年龄、性别、学历、身份等条件进行科学抽样产生参会代表；拓宽公众的预算参与途径，采用民主恳谈会、问卷调查、媒体采访等不同方式，使公众能够自主选择适当的方式参与预算过程；在协调零碎化的公众需求与地区整体发展方面，可以事先利用现代信息技术对公众偏好进行分析并将其纳入预算草案编制的考量范围，减少利益冲突；积极邀请预算相关领域的专家学者参与，对公众和人大代表提供专业性支持，对公众建议与票决结果进行可行性分析；在结果运用方面，对公众票决选出的项目进行全程跟踪，公开项目的进展情况和实施效果，采取专题询问、满意度测评的方式，鼓励公众对预算全过程进行监督，将参与式预算的实践由预算初审向预算执行、预算监督延伸拓展。

（3）加强人大预算审查监督。人大可以借助参与式预算发展的契机，积极参与预算编制过程，充分了解预算项目，并对其进行分析调研，提出改进意见；提高人大代表的专业素养与实践能力，完善人大代表联络员制度，努力实现人大代表联络员专职化；赋予人大代表结构化审查政府预算的权力，使人大代表对政府预算项目进行分项表决；积极开展街道人大建设，将街道预算纳入县级预算，通过街道居民议事组织加强人大代表与群众的联系，完善人大代表述职和评议制度，公众可对人大代表进行满意度评价，将评价结果与人大代表任免挂钩，提高人大代表履职的责任感和使命感。

（4）提升参与式预算的改革层次。遵循试点推广、循序渐进的基本思路，努力提升参与式预算的改革层次。在系统总结乡镇或城市社区参与式预算的经验基础上，将较为成熟的治理模式向县、市等更高层级的政府推广；借鉴温岭市将参与式预算拓展到市级政府部门预算的实践经验，在部门预算的初审环节组织民主恳谈会，鼓励公众参与对与公共利益密切相关部门的预算审查监督；妥善处理制度标准化和实践弹性之间的关系，在强化参与式预算的法律保障的同时，给予地方政府一定的灵活性，使不同地区能够结合本地实际因地制宜地开展改革，更好地发挥参与式预算的制度优势。

三、财政资源的高水平统筹

2013 年 11 月 12 日，党的十八届三中全会通过的《中共中央关于全面深化改革若干重大问题的决定》明确指出，"深化财税体制改革，建立现代财政制度"，其中就包含了财政资源统筹的内在要求。随后，不断改进预算管理制度，加强地方政府债务管理，深化税收制度改革，优化政府间事权与支出责任划分，为财政资源统筹夯实了基础，使财政资源实现高水平统筹成为可能。

（一）财政资源高水平统筹的基础和条件

（1）税收征管体制取得突破性进展。2018 年 7 月颁布的《国税地税征管体制改革方案》，规定从 2019 年 1 月 1 日起，将各项社会保险费交由税务部门统一征收。2021 年 7 月 1 日起，在河北、上海、浙江等地开展征管职责划转试点，将由自然资源部门负责征收的国有土地使用权出让收入等四项非税收入全部划转给税务部门负责征收。上述改革有助于提高征收效率、降低征管成本，加强了政府对财政收入的统筹能力，促进了财政资源的有序合理利用。

（2）地方政府债务管理进入法治化轨道。2014 年修正的《预算法》要求将地方政府债务全部纳入预算管理。2015 年财政部制定实施《地方政府一般债券发行管理暂行办法》和《地方政府专项债券发行管理暂行办法》。随后，各级地方政府严控新增政府债务，严格审查新增投资项目，加快推进地方政府投融资平台的市场化转型，地方政府债务统筹管理水平得到有效提升。

（3）预算绩效管理成为全社会共识。从 2003 年至今，随着财政资金绩效评价工作由试点地区推广到全国，预算绩效管理理念在全社会得到普及。2018 年 9 月《中共中央 国务院关于全面实施预算绩效管理的意见》将预算绩效管理推向"全方位、全过程、全覆盖"的更高发展阶段。预算绩效管理强化了预算单位的责任意识，削减低效无效支出，助推财政资源统筹日益科学化制度化。

（4）事权与支出责任划分改革迈出实质性步伐。早在 1993 年，事权与支出责任划分改革已被提出，但受当时条件限制，未能推行。2016 年 8 月国务院颁布《关于推进中央与地方财政事权和支出责任划分改革的指导意见》，明确改革总体要求，提出划分原则和主要内容。2018 年 2 月国务院颁布《基本公共服务领域中央与地方共同财政事权和支出责任划分改革方案》，为财政资源在全国范围内统筹奠定了较为科学的体制基础。

（二）财政资源高水平统筹的重大意义

（1）财政资源高水平统筹是缓解财政收支矛盾的重要途径。受经济下行压力、新冠疫情以及减税降费政策的多重叠加影响，地方政府财政收支平衡压力明显加大，增加收入难度大、空间小，教育、医疗等民生支出刚性极强。这在客观上要求以更高水平统筹优化财政资源配置，让有限的财政资金发挥出最大效益，找到缓解财政收支矛盾和实现财政可持续发展的正确途径。

（2）财政资源高水平统筹能够为国家重大战略实施提供充分财力保障。财政资源统筹强调将有限的财政资源优先用于保障重点支出。"十四五"时期我国经济社会发展的六大主要目标是：经济发展取得新成效，改革开放迈出新步伐，社会文明程度得到新提高，生态文明建设实现新进步，民生福祉达到新水平，国家治理效能得到新提升。这在客观上要求将财政资源优先投入到科技创新、民生保障、乡村振兴、生态建设等重点领域，确保国家重大战略的有效实施。

（3）财政资源高水平统筹是推进现代财政制度改革的客观需要。党的十九届四中全会做出《中共中央关于坚持和完善中国特色社会主义制度 推进国家治理体系和治理能力现代化若干重大问题的决定》，形成了"一体两翼"的财政现代化方案。其中，"一体"是建立稳定的各级政府事权、支出责任和财力相适应的制度，"一翼"是建立现代预算制度，"另一翼"是建立现代税收制度。这在客观上要求在系统科学的现代财政管理基础上以更高水平统筹财政资源，既是建立现代财政制度的一项重点工作，也为现代财政制度改革注入强大动力。

（三）财政资源高水平统筹面临的主要问题

（1）四本预算的统筹规范程度不足。政府性基金预算易受经济社会发展变化以及政策调整的影响，在实际执行过程中，预算单位未及时调整更新征收项目与征收标准，导致"其他政府性基金收入"科目所占比重过大，未能准确全面反映政府性基金的用途。国有资本经营预算尚未将所有国有资产和国有资源纳入预算管理，且仅具备反映国有资本的收支项目与数额的功能，未体现经营性国有资本的财务与盈利目标、发展战略。各地区社保政策尚未统一，相关数据独立分散，收支项目及口径存在差异，影响了社会保障基金的统筹使用。此外，四本预算之间的调剂使用机制不健全，财政缺口与财政盈余同时并存，资金分散、流动性不足，须提高四本预算之间的有机衔接与统筹水平。

（2）财政收入统筹水平有待提高。地方税体系不健全，各省推进消费税、房产税改革的进程不一致，部分地区对税收收入未做到应收尽收。税收和非税收入征管改革仍面临一些难点痛点，如非税收入征管职责划转税务部门，有关减免权限、分成标准、使用途径等制度规定亟待调整，需要加强部门间协调沟通。各部门对结转结余资金的统筹利用不足，存在财政资金闲置现象。国有资产管理方面，由于技术革新或缺乏完善的管理机制，形成了大量闲置国有资产，造成了财政资源的浪费。

（3）财政支出统筹水平有待提高。对于专项支出资金，存在资金使用的碎片化、不同部门重复申报同一项目等问题，资金使用的交叉重叠不利于财政资金统筹管理，部门之间信息共享机制不健全导致资金使用效率低下。对于跨年度项目支出，有些部门仍采用一次性资金拨付方式，存在"钱等项目"的问题，提高了财政资金的闲置成本，增加了财政资金挪用等违法违规现象发生的可能性。

（4）中期财政规划的推进较为缓慢。编制和管理中期财政规划，要求各部门对中长期经济运行以及财政资金需求进行准确预测，但各部门之间的预算信息共享不足，存在信息条块分割、数据口径不一等弊端，难以保证财政数据的全面性与真实性。此外，编制和管理中期财政规划对相关工作人员的财政及数理统计方面的专业技能要求较高，各级政府尤其是基层存在专业人才短缺等问题。上述问题的存在，制约了中期财政规划在财政资源统筹上可以发挥的积极作用。

（四）实现财政资源高水平统筹的路径选择

实现财政资源高水平统筹，一方面，要加强财政资源总体规模上的统筹，实现财政收支平衡，既包括年度收支平衡，也包括跨年度收支平衡；另一方面，要加强财政资源的结构统筹，优化财政资源内部的资金安排，提高财政资源的利用水平。

（1）努力增进统筹四本预算的制度化水平。坚持将政府所有收支全部纳入预算，未纳入预算的收入不得安排支出。加强各地区的预算管理和政策协同，推进预算管理一体化，增强财政数据的共享度和可比性。努力实现四本预算的有机衔接，充分发挥一般公共预算的桥梁作用，将政府性基金预算中与一般公共预算具有相同功能的重叠科目进行整合归并，提高国有资本经营收入调入一般公共预算的比重，增加其他三本预算对社会保险基金预算的支持力度，增强四本预算的系统性整体性。

（2）建立健全统筹财政收入、资产、资源的全覆盖管理体系。大力涵养税源，深挖税收潜力，积极推进税收制度改革。充分发挥研发费用加计扣除、科技补贴等优惠政策的激励引导作用，营造良好的营商环境，增强财政收入与经济发展的协同性。减少财政重点支出与财政收支或国民生产总值挂钩的事项，对结转结余资金实行严格规范管理，提高资金收回统筹使用的力度。完善闲置国有资产的盘活机制，建立资产存量数据库进行动态监管，制定科学合理的资产处置方案，根据第三方资产评估结果对闲置资产进行拍卖、置换、转让或出租。

（3）建立健全统筹财政支出决策、使用、绩效的全过程管理体系。各级党政机关坚持"过紧日子"，压缩"三公经费"等一般性支出，重点保障政府重大战略任务和重要民生项目的支出需求。加强项目库管理，完善项目分类排序标准，优化筛选与排序机制，提升项目支出决策水平。细化政府收支科目，运用大数据技术跟踪资金拨付与使用情况，增强资金使用跟踪、监督和控制能力。完善支出标准体系，强化财政支出额度与效益的评估预测，防止财政支出结构固化僵化。

（4）积极提升中期财政规划的编制和统筹能力。加强对财政资源的预期管理，完善跨年度预算平衡机制，提高财政应对经济变化与政策调整的管理能力。改进政府间以及不同部门之间的沟通协商机制，明确中期财政规划编制的主体责任，提高各部门对中期财政规划编制部门的信息支持，形成编制合力。充分发挥高校、科研机构的智库作用，培养与引进具备财政财务专业技能与大数据运用能力的复合型人才。有效发挥省级财政部门的预算统筹、宏观政策规划等优势作用，加强对市县政府预算编制人员培训，提高基层政府的中期财政规划编制的技术水平和统筹能力。

本章附录　美国零基预算的兴起与发展

零基预算的兴起要追溯到 20 世纪 70 年代的美国。1970 年，美国得克萨斯州仪器公司最早开始在公司内部采用零基预算方法，为公司缩减成本、提高效益发挥出积极作用。在该公司成功经验的影响下，美国佐治亚州在 1973 年成为第一个实行零基预算的联邦州。当时佐治亚的州长是吉米·卡特。1977 年，吉米·卡特当选为美国总统，就把零基预算运用到联邦政府的预算编制方法之中。

零基预算的兴起，与当时美国的经济社会环境密切相关。20 世纪 70 年代，美国经济出现严重的滞涨，财政收入锐减，如何实现预算平衡、缓解支出压力，成为财政政策考虑的首要问题。传统的增量预算办法，存在难以调整的局限性，零基预算有助于实现政府对各支出部门的财政控制，具有削减开支、压缩项目、缓解财政压力的优势。由此，零基预算登上了历史舞台。

美国推行零基预算的核心理念是根据公共项目的重要程度来确定预算安排的优先顺序。具体由四个步骤组成：一是由政府确定与发展战略相吻合的年度政策目标。这一步十分重要，但在实际操作中却很容易被忽略①。二是各支出部门依据发展目标确定一个个决策单元（decision unit）。这个决策单元的涵盖范围可以是一个大项目，一个子项目，或者是支出部门的一个分支机构，内容包括每个项目的预算支出情况。三是在每个决策单元内部形成一揽子决策或决策包（decision package）。决策包中包括需要的资金水平和预算增量、项目任务、资源需求、短期目标和长期目标。四是排序②。首先是每个决策单元内的一揽子决策的排序，其次是各部门对其所有决策单元进行排序，最后是对所有部门的决策单元的排序。排序结束后，根据项目优先顺序分配资金。例如第一个决策单元分配总预算资金的 15%，第二个分配 10%，直到所有的预算资金都被分配完毕，那些排在后面的、超出财政承受能力的项目将被削减（见图 5 - 1、图 5 - 2）。

具体实践中，预算编制部门会参考前一年的支出额度，采用类似于零基预算和渐进式预算的结合办法。也就是说，零基预算会规定一个最低水平、中间水平和最高水平，分别是上一年预算额度的一个百分比，例如上年预算额度的 85%、100%、110%。然后根据一揽子决策的排序，赋予每个一揽子决策一定的经费百分比，直到所有的最低水平的预算经费分配完毕。在最低水平的预算额度分配完毕后，可以再按照中间水平和最高水平的预算资金额度增加一定的一揽子决策，具体是否执行，要看当年的经济形势和财政状况。

---

① 事实上，一个明确的发展战略与年度目标对于后续项目优先顺序的排列具有重要的指导意义。在目标模糊的情况下，支出项目的排序将会很盲目、随意，甚至没有排序，形成由讨价还价、争议以及各种压力左右的"项目堆砌"。

② 为了避免排序的盲目性和争议性，通常在排序之前，要就排序的标准协商达成共识。常用的参考标准有：法律法规、收益率与政府战略目标相符程度等。

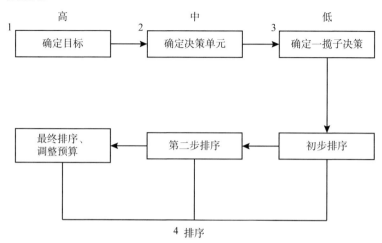

图 5 - 1 零基预算的具体步骤

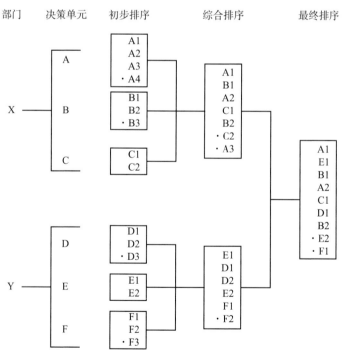

图 5 - 2 零基预算的排序过程

　　1981 年，里根担任总统后发现零基预算并没有达到其预期的削减政府开支和压缩项目的效果。受联邦政府换届的政治因素影响，一般政府换届后，下一届政府都会抛弃上一届政府的政策主张。因此，里根宣布不再采用零基预算的方法，回归原有的增量预算。然而，里根政府随后采用的增量预算编制方法中仍然吸收了零基预算的元素，年度预算编制前，会对所有项目进行审核和评估，但在预算程序中摒弃了零基预算的项目优先性排序，减少了预算部门的工作量。同时，也纠正了零基预算忽视预算执行效果和资金使用效率的倾向，要求支出部门对每一个项目都要分析其成本收益、预期效果和资金使用效率，以此来发现和清理过时和重复的项目，并及时对项目的不合理之处进行修正，实现对预算的滚动管理。因此，与卡特政府推行的零基预算相比，里根政府的增量预算编制办法大为简化，可操作性强，在预算中加入绩效评价方法，为克林顿政府于 1993 年出台政府绩效预算管理法案、实行绩效预算奠定了实践基础。

　　时至今日，美国仍然有一些小城市采用零基预算，以社区和城镇为主。比较有代表性的是美国宾夕法尼亚州的芒特·莱巴嫩（Mt. Lebanon），该地方零基预算的任务量较小，比较容易实现。这对于我国实行零基预算具有启示和借鉴意义，从实用性角度分析，零基预算更适用于小规模的政府，而且为了减小预算编制的工作量，需要改革原来过于琐碎的决策单元，对其进行整合，以减少决策单元和决策包的数量。

　　2012 年，美国佐治亚州议会通过了《零基预算法案》，该法案要求从 2013 年开始，每年对 10% 的预算项目进行零基预算审查，通过这种方式，实现每 8～10 年对该州的所有项目审查一次。这项工作由佐治亚州众议院预算办公室、参议院预算和评估办公室以及佐治亚州规划和预算办公室共同完成。与 30 多年前的零基预算不同，佐治亚州的新零基预算不再关注一揽子决策和决策单元，不对所有的决策进行排序，而是由被评估的支出部门确定每个项目的"关键活动"（key activities）。这也是新零基预算的第一步，确定"关键活动"并说明其政策目标、项目执行主体以及项目实施成本，解释为什么该项目及相关活动是关键的、重要的。第二步，研究设定"关键活动"的绩效指标，包括项目的责任分配、预定目标的完成效率、项目成本以及预期的绩效产出等，并进行绩效评价。第三步，通过客观分类的方式审查项目的历史支出，评价项目的支出效率和投资回报率。第四步，对评价结果进行总结。第五步，根据绩效评价结果指出项目的优缺点以及改进方式，找出是否有可行的替代方式，并对该项目的资金分配额度是否调整做出判断。

可见，新零基预算并不是以零为基数来编制预算，而是在预算编制完成后进行绩效评估，试图达到零基预算的预期目标。此外，新零基预算的对象不是预算部门，而是单独的项目，并与项目预算管理融合在一起，共同发挥作用（见表 5 - 1）。

表 5 - 1　　　　卡特时期零基预算与佐治亚州新零基预算的对比

项目	卡特时期零基预算	新零基预算
项目数量	每年所有项目	每年 10% 的项目
项目分类	一揽子决策	关键活动
执行时间段	预算编制中	预算编制后
含义	以零为基数编制预算	将预算削减至零

资料来源：笔者根据相关资料整理所得。

2013 年，作为佐治亚州新零基预算实施的第一年，25 个支出部门的 35 个项目被选送进行零基预算审查，大约占了总项目数的 10%（总项目数大约为 370 个），预算部门的工作量不算大，提高了工作效率。审查结束后，佐治亚州规划和预算办公室会发布一份零基预算报告称，共削减财政支出 8890376 美元，占该州预算额度的 0.046%，占被审查的 10 个项目的总预算额度的 1.49%。

通过上述数据可以发现，2013 年新零基预算并没有对预算支出起到太大的控制和削减作用。有人质疑说，通过以前的项目预算管理也可以达到这样的效果。但也有学者指出，零基预算的预算削减作用与国家和州的经济形势密切相关，如果经济形势像 2005 年和 2006 年那样繁荣，也许通过零基预算的方式可以削减更多的预算支出。由于 2008～2010 年受紧缩财政政策影响，部门预算已经被削减了很多，再无太大的削减余地，因此零基预算的优势没有显现。

2000 年 10 月，党的十五届五中全会提出"积极推进财政预算制度改革"。2001 年 2 月，国务院第 95 次总理办公会批准《财政国库管理制度改革方案》，由此开启我国建立以国库单一账户体系为基础、资金缴拨以国库集中收付为主要形式的财政国库管理制度，将传统国库制度推入现代化转型的历史进程，成为继分税制改革之后构建公共财政管理框架的基础和重要支柱，并在新时代加快建立现代财政制度的过程中发挥着基础性支撑性作用。

一、市场经济催生现代国库管理

党的十四大确立社会主义市场经济体制的改革目标之后，我国于 1993 年和 1994 年相继推出税制和分税制财税体制改革，为构建社会主义市场经济体制开辟道路和奠定基础。社会主义市场经济的快速发展和不断成熟，则孕育和催生了现代国库管理理念和制度的形成。在自然经济、计划经济时代，经济关系相对简单，政府职能相对单一，国库角色比较单纯。随着市场经济的不断发展，经济规模变大，利益关系日益复杂，政府职能得到前所未有的深化，国库的角色、职能和管理方式随之发生变化。

（一）传统国库制度不适应市场经济的客观需要

中华人民共和国成立至 2000 年期间，我国建立和实行与建设财政相适应的分项预算与分散收付制度，因其自身所具有的重生产而轻服务、重分配而轻使用、重核算而轻控制等特点，在 20 世纪 90 年代我国计划经济向市场经济转轨的大背景下，这种传统的管理制度愈发显现出诸多弊端：财政职能大包大揽，"越位""缺位"并存，资金分散式收付，粗放式管理且监督乏力等。这些问题在经济相对简单、财政资金规模较小的情况下，并未产生严重的后果。然而，随着市场经济的日渐繁荣，由此带来的财政资金使用效率不高乃至滋生权力寻租等问题，客观上要求改革这种国库制度。1999 年，我国财政收入首次超过 1 万亿元，比 20 世纪 80 年代前 7 年的财政收入总和还要多。这时，财税改革的重点从收入分配转向预算管理就是水到渠成的事了。

2000 年 6 月，财政部按照部门预算管理要求调整内设机构，设立国库司，专司国库集中收付和管理政府采购，成为预算执行的牵头司局。同年 8 月中旬，财政部提请国务院批准《关于实行国库集中收付制度改革的报告》，选择中央粮库建设资金和车辆购置税交通专项资金进行财政直接拨付的改革试点。11 月 28 日，第一笔中央粮库建设资金按照新办法顺利直接拨付到项目建设单位。从这一天起，中华人民共和国实行了 50 余年的传统国库拨付方式开始改变。此后，我国国库账户设置与管理、资金收缴与支付、国库管理信息化、收支动态监控、国库现金管理、政府会计基础及财务报告等制度发生重大变革，现代财政国库管理制度得以逐步构建与完善。

表 6 - 1　　　　　　　　　　我国财政国库管理制度改革概览

年份	改革重大事项
2000	财政部国库司成立 进行粮库建设专项资金支付等直接支付试水
2001	集中支付改革进入试点实施阶段
2002	非税收入收缴试点 "金财工程"启动
2003	—
2004	国库司与国库支付中心职能整合
2005	—
2006	专项转移支付资金试点 开展中央国库现金管理操作
2007	公务卡改革试点 财税库银税收入横向联网试点 国库无纸化试点
2008	—
2009	—
2010	试编权责发生制政府综合财务报告
2011	开展地方财政专户清理工作
2012	—
2013	开展支付电子化工作
2014	新《预算法》颁布 权责发生制政府综合财务报告制度正式推行
2015	开展地方国库现金管理操作试点
2016	—
2017	推行支付全电子化工作 全面开展地方国库现金管理工作 全面清理整顿地方财政专户
2019	预算管理一体化

资料来源：笔者根据历年《中国财政年鉴》相关信息整理。

（二）现代财政国库的理论共识与功能定位

在市场经济条件下，国库的角色从传统的资金出纳与保管者演变成为政府财务、现金与宏观管理者，国库管理的范围也由单纯核算财政收支扩展到包括账户管理、资金收缴、资金拨付、债务管理、采购管理、现金管理等全方位的管理，国库的具体管理方式由"财政委托中央银行代理"[①] 转变为"以财政管理为主、中央银行协管为辅"[②] 的方式。此外，国库管理还实现了与先进的信息技术、完善的货币市场之间的有机融合。

从预算管理流程上看，预算执行是政府预算周期的"活跃"环节，支出部门及其预算单位在适应不断变化的环境同时有效且经济地实现预期目标，其微小变动可能产生于制度调整或突发事件，并与原预算计划产生偏差，导致目标失效、赤字扩大、低效用款等问题。国库作为专司预算执行的机构，联通各预算管理核心环节（见图 6 - 1），一方面，在事前、事中、事后建立起包含控制、运营、报告、绩效等功能的保障机制，将预算编制与授权，资金收付、记录与监控，绩效、报表与审计工作有机纳入管理流程，确保预算执行的规范性有效性；另一方面，正确处理财

---

　　① 长期以来，我国与世界上大多数国家一样，实行委托代理国库制度。这是因为传统国库管理框架下，委托中央银行或商业银行代理国库具有四大优越性：一是银行机构遍及全国城乡，便于预算收入及时入库、缴纳单位和个人纳税与上缴利润、用款单位存取款项；二是通过银行划分、上解、下拨各项资金，迅速灵活，又便于审查监督；三是财政资金存放在中央银行体系中，有利于货币政策管理；四是不需要另设一套独立的国家金库系统，节省人力、物力和财力，有利于精简机构。

　　② 从理论上讲，国库是国家的金库，其管理者当然是各级政府，而各级财政则具体管理国库。在国库管理方式上，可以采用委托代理，也可以实行以财政管理为主、以央行管理为辅的方式。诸如资金收纳、拨付、划解、保管等业务，财政可以委托中央银行代理；而收缴管理、支付管理、采购管理、债务管理、现金管理等业务，都是财政管理的重要内容，财政部门需要具体负起责来，不适合中央银行代理，但需要中央银行的密切配合，正如同货币政策的实施需要财政的密切配合一样。

政、税务、海关、央行、预算单位、商业银行等各方面的关系，明确划分各自的责任、权利与义务，建立更加科学完善的现代国库管理体制。

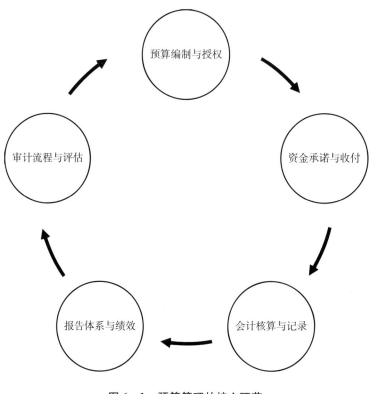

图 6 – 1　预算管理的核心环节

（1）从控制功能上讲，确保预算项目的管理者有足够参与度。在财政部门妥善行使控制职能的基础上，适当给予支出机构管理权力，否则会限制支出机构在执行项目时的调整空间，并产生支出责任问题。

（2）从运营功能上讲，在完善预算执行工作的同时注重现金管理与宏观预测。一方面，现金管理工作与预算执行活动息息相关。临时性、数额大的现金收付需求或操作都会对库款预测与现金管理产生较大冲击，但持有大量现金也会产生机会成本和沉没成本，因而需要平衡好库底资金持有量与现金管理操作量；另一方面，宏观预测能力是预算管理的重要支撑。尽管预测会因政府部门的定位而呈现保守、乐观的倾向，但出于指导预算编审的需要，财政部门依然需要加强宏观预测能力，充分考虑收支合法合规与资金调度风险，并以完善财务报告等方式将宏观预测与治理成果予以体现。

（3）从报告功能上讲，力求形成良好的记录与报告体系。准确的会计系统与专业的预算控制是完善预算执行的先决条件。会计是用于记录预算执行财务结果的手段，财务报告是会计系统的最终成果。通过明确列示预算收支指标、项目与金额，可以掌握现有资产负债的存量与流量，据此开展评估与预测工作，以对收付活动实现有效的相机抉择型控制，并采取有力措施改善控制与运营情况。

（4）从绩效功能上讲，要求执行事后具有适当跟进部署。这不但要求项目执行完毕后进行必要的审计工作，也要求财政、法制、行政等各部门和支出机构相互配合，保障预算管理质量，而非阻挠问责、软化约束、立法执法迟缓等。

二、财政国库收付制度框架与控制体系

自 2001 年我国启动国库集中收付改革之后的 3～4 年间初步构建了国库单一账户体系和集中收付制度框架。2006 年，财政部与央行启动国库现金管理改革，并在 2014 年延伸至省级国库。同时，积极推进"金财工程"建设，构建现代化的政府财政管理信息系统，形成"制度＋技术"的预算控制体系，在 2019 年之后在全国推行预算管理一体化。

（一）建立国库集中收付制度框架

建立以国库单一账户为核心的账户体系，用以强化记录、核算和反映功能。其中包括基础性的国库单一账户与财政部门、预算单位零余额账户，特殊性的财政专户和过渡性的特设专户，并相应取消各部门各单位的各类收入过渡性账户。

规范国库收缴与拨付程序。部门与单位执收的财政资金不再层层上缴，而是经由国库单一账户体系直接进入国库。预算单位的支出严格按照用款计划执行，并由代理银行根据国库集中支付管理系统发出的直接支付或授权支付指令直接向收款人付款，严禁部门和单位从国库账户中随意支取资金。

实施国库账户动态监控。财政部门通过政府财政管理信息系统对国库收付过程实行规则预警和动态监控，实时监管违规操作并获取资金信息。随着国库集中收付制度的不断推广，越来越多的财政资金被纳入法定授权的预算管理之下，财政资金截留、挪用、浪费等现象大为减少。

（二）开展国库现金管理

国库集中收付制度改革下的库款迅速增长衍生了两个方面问题，一是受政策或计划调度的收付流量波动更为频繁，且峰谷更为明显；二是越来越庞大的库底存量资金只能在央行获取低息收益，而国库现金来源"负债性比重"不断上升，增加了国库资金的成本。因此，财政部门有必要对库底资金开展现金管理活动，以降低国库资金成本、提升管理效益。2006年，财政部联合央行启动国库现金管理改革，采取商业银行定期存款、回购国债等方式提高库底余额的投资收益。这一改变使得中央财政每年能够通过操作百亿或千亿规模的库底资金，获取数额可观的利息收入，并在2014年底扩展至省级国库。

国库现金管理这项改革带来的影响同样是巨大的。一方面，财政部门基于现金余额集中化的国库现金管理，自 2011 年起开始启动大规模的专户清理工作，以进一步强化集中反映和余额管理能力；另一方面，国库管理的"财政—央行"关系在原有的"指令—执行"基础上发生转变。央行在履行核验职责，并具有"拒绝办理"（刘贵生，2014）基础业务指令这一"半主动式"能力的同时，可以更为主动地通过对财政部门的余额投资行为施加影响来实现央行的政策目的，进而逐渐区别于侧重执行的征收机关、支出部门和代理银行，成为国库管理活动中的另一关键主体。

（三）完善预算执行控制体系

在初步确立国库管理框架和机构体系后，财政部门围绕预算资金的安全性有效性推动改革，通过程序规范与信息交互来完善预算执行的"过程控制"。2007 年以来，财政部门开展了包含公务卡改革在内的多项程序性改革，以填补支付链条"最后一公里"的现金支付监管空白；借助技术性工具陆续启动"财税库银"四方横向联网、支付电子化改革，利用系统传输电子凭证替代纸质单据人工流转，并在自动核单对账后存储支付信息与电子凭证，建设多部门信息共享的实时监控系统，将快速直达基层的特殊转移支付资金单独标示，全程跟踪记录支出进度与流向。2019 年之后，在全国推行预算管理一体化改革，建设制度规范和技术标准全国统一的一体化业务平台，嵌入以项目为基本单元的全周期管理规则，并在集中核心预算活动数据信息的同时强化上级和本级政府对前者的管理能力。

以上这一系列改革使财政部门形成了对预算执行活动尤其是支出行为的全程式约束，通过部门内外的信息共享逐步消弭了相对于其他管理主体和用款单位的信息劣势，通过合理归责和强化监审维护国库管理的权威性。在财政国库管理制度改革的全过程，始终贯彻执行这样一条基本原则，即将预算资金置于未承诺风险之中的行为不再是可容忍的，这种以明确和理性为前提的"刚性约束"也正是建立现代预算制度的基本要求。从这一原则出发，也就不难理解在预算管理改革的过程中，财政部门为何选择首先在执行环节建立"控制取向"的预算模式。因为在这种模式下，每一位理性决策者和岗位负责人在采取违规决策时，都将在完备的信息系统和过程监控下面临越来越高的追责风险和惩罚成本；而当追责风险成为必然时，规范支出必定成为每个参与者的最优选择。

三、财政国库管理的理念更新与功能转变

正如钱穆先生所说，"任何一制度之创立，必然有其外在的需要"①。反过来讲，作为现代预算制度关键环节的国库管理活动，其不同时期的改革成果也必然反映着政府对运作效率与政治问责的改进选择。同时，由于经济体制的转变必定要有价值观念转变作为前提，故而在分阶段梳理改革内容之余，我们依然应当对财政国库管理制度改革的成就做出全面总结，来进一步了解制度与技术方面的变革促使国库管理理念和功能发生了何种性质的变化，进而更为清晰地理解改革做到了什么，还有哪些事没有做。

（一）财政国库管理取得的主要成就

从制度化的视角来看，首先，国库集中收付改革建立了一个"分权结构"下较为完善的执行控制体系，并作用于行政和政治

---

① 钱穆：《中国历代政治得失》，生活·读书·新知三联书店 2001 年版，前言。

两个方面。在根据"授权—行政"分离的理念，围绕预算执行管理的职能分工组建机构来实现国库管理活动的"组织化"后，财政部门通过集中化的账户体系与收支规则来谋求加强国库管理中的"程序控制"和"信息控制"，并基于预算资金调度管理采取"横向到边、纵向到底"的方式调节各类主体间的预算权力结构。截至2021年，从中央到乡级约99%的预算单位实施了国库集中支付制度改革，并基本建立了覆盖省、市、县三级的动态监控体系；超过97%的执收单位实施了非税收入收缴管理改革。持续改革使同级与下级部门的执行计划或结果受到严格监审记录，并形成了支出行为基本规范的制度环境。在这一基础上，预算控制的重点开始由资金安全向支出进度拓展。除去效益性的考量，这一变化也隐含着在动态的"事权—支出责任"框架下上级对下级政府自由行使执行权力的限制①。以专项转移支付资金为例，2006年财政部以农村义务教育中央专项资金为契机，对中央专项转移支付资金实行国库集中支付。在此之前，我国专项转移支付资金的拨付周期长，对于专款专用的保障也不充分，以至于公众在"足额拨付"外又产生了对及时性的担忧。所以在具体实施时，财政部先是通过中央、省、县的"单一账户—零余额账户—特设专户"三级链条压缩转拨程序，随后利用动态监控系统跟踪款项信息，关注与督促下级政府的拨付进度与资金去向。除用途约束外，这一改革所带来的最明显变化是款项由中央拨付到县级财政"最快5天就能到达"，而在此之前，这一周期因各级间转拨滞留而可能长达数月。

作为现代财政国库管理的核心，控制体系的建构加深了国库

---

① 在集权结构下，这种预算管理程序上的限制体现也影响着下级对上级政府政治意图的贯彻意志。

管理活动中政府间、部门间和政府与公众间的联系。这些联系虽依然以"命令—执行"或"委托—受托"等形式存在，但其中的博弈或受托活动却随着业务逻辑的变化而呈现出新的形式。进一步地，这些新的活动形式蕴含着国库管理随着集中控制的发展演进而形成的两类功能："派生"的运营功能与"原生"的报告功能。一方面，在年度计划与"信息控制"所创造的"可信预期"下，由"程序控制"所派生的现金管理业务和债务管理政策推动着余额管理方式由规模化转向结构化，即通过改变存款和债务结构来调整预算资金的收益（利息）结构。在防范风险和政策协调为主导的管理取向下，这种"适度投资"的运营思路在履行公共责任的同时很好地兼顾了财政与金融的关系；另一方面，基于财务合规性控制为政府会计核算能力带来的集中性与适时性强化，建立在这一基础上的报告功能将一定预算周期内的交易行为由决算报告和政府综合财务报告共同反映，在向公众提供预算执行结果和政府财务状况之余，尽可能地体现受托活动的履行情况和能力。这些功能同样加强了国库管理主体与公私群体的公开互动。

我国财政国库管理制度改革具有明显的、以"集中化—规范化—精准化"为代表的阶段式渐进特点，内在表现为制度管理与技术应用的"互促式演进"：在初具雏形的制度框架后，电子化与信息化工具的引入显著降低了国库管理活动的行政成本，并能够利用自动校验和信息存储等手段使制度实现"程序控制"基础上的"信息控制"；但在多层级、多部门的组织结构影响下，阶段性、长周期推进的制度改革使得配套技术工具的完善相应具有一定程度的"迭代"特点。尤其是 2019 年启动的预算管理一体化改革与以往被纳入"金财工程"的技术改进路径具有更明显的阶段性差异，原因之一在于前者将框架成型的既有"核心业务"

作为级次间与环节间衔接的整体来考虑，而在过去，除满足与前后端衔接的基本需要，层级间与模块间管理系统的建设过程通常彼此独立，并使得长期在"碎片化"的信息环境中开展的业务遗存了大量分散化的预算活动数据。因而，这一立足于整体性开展的改革在提升预算治理效能之余进一步推动财政部门内部与外部的信息公开与共享。

综上所述，财政国库管理制度改革通过制度与技术变革实现了管理理念和功能上的转变与更新。在此项改革之前，高度分散化的预算执行管理使国库仅能作为政府内部不完整"收付窗口"下静态化的"资金池"而存在，管理活动充满着"命令—执行"的被动式色彩，且不规范的行政过程难以得到全面记录。可以说，这时的国库管理仅仅是财政部门"内部化"活动的一部分，并因核心目标和有效能力的缺失而只能发挥"工具"式作用。在此项改革之后，专职机构的组建将国库管理的目标——预算资金的安全性有效性明确化，并自主围绕管理目标将用款计划等一系列内部公开性与控制性工具嵌入行政过程，以弱化部分随意性支出行为可能产生的风险；进一步地，运营与报告功能标志着国库管理活动能够更为主动地调节以财政—金融为代表的部门（或政策）关系和政府与公众的联系。总之，这些"外部化"的理念迁移体现着国库的定位正在发生着对政府宏观决策支持和市场公众服务能力强化的"主体"性转变，而这些转变将推动预算活动更加适配"国家治理的基础与重要支柱"这一定位。

（二）现阶段财政国库管理的功能差距

与现代财政国库功能的理论标准相比照，从我国财政国库应该具备的功能出发，现阶段财政国库管理依然存在一些亟待解决的问题。

（1）控制功能方面，支出划分不具体、收付管理需规范。首先，从收付的划分机制上看，现有的集中支付分类在应用时不明确。过去的集中支付是根据用款类别、资金规模、重要程度等因素而被分类为直接支付与授权支付，这种方式上的划分对于改革初期将集中支付的理念与单位资金支付等方式区别开、快速转变支付流程有重要意义，但随着集中收付改革不断深化，现有的分类出现了业务应用不明确、用款权限不集中等问题。其次，在将支付方式装入"业务篮子"进行分类时，又面临实质上"直接"与"授权"的平衡问题，即如何在两者的利弊间取舍。前者虽然能保证资金直达减少迟滞与违规使用，但因人工审核与用款周期长而拨付效率较低。后者虽然较为灵活，但容易产生违规风险。因此如何提高支付效率、保障效益，有赖于更为科学的支付方式划分机制。最后，从具体执行情况上看，集中收付的规范性需要加强。从"支"的角度，主要是涉及拨付效率与资金监管的专户清理问题与影响执行规范性甚至预算编制科学性的"暂付款"问题，暴露出预算执行活动中对"临时性支出"上管理和监督的短板；从"收"的角度，非税电子化的票据管理与执行流程需要予以关注，电子票据缺乏认证与使用环境、执行收缴时的联网方式等限制了非税电子化收缴与入库的效率，产生了大量沟通成本，更限制了改革"全面铺开"的速度。

（2）运营功能方面，现金与数据管理能力尚未成熟。首先，国库现金管理操作较为单一。从中央国库来看，国库现金管理操作中商业银行定期存款操作最为常用且能获得可观收益，但在定期存款、国债买回和减少发债之外缺乏更为灵活的现金管理工具，库款使用时操作周期较长，也未能充分有效发挥调节市场流动性、扶助实体经济等宏观调控方面的作用；从地方国库来看，尽管省级国库操作规模较大，但级次尚未向下延伸、操作无法依照市场化利率等问题凸显，远未到达长久运营的"稳态"。其次，国库的数据管理与预测能力仍需提高。从数据的源头来看，财政部门的大量数据依赖央行、税务部门的日报等渠道传递，但彼此都缺乏更加全面及时深入的数据联通机制，对反映某些财政活动的明细与掌握资金变化进而合理预期等造成阻碍；从业务的沟通来看，财政部门内部业务系统与业务工作间仍有壁垒，无法从若干隐含着财政经济运行趋势和违规操作动态的碎片化信息中提取出全面准确真实的情况，对在大数据时代强化收支预测、平抑库款波动、探索库款投资等建设现代国库的进程有较大影响。

（3）协调功能方面，反映"财金关系"的财政央行协调性仍需提高。首先，在法律层面上，财政与央行在国库管理上的地位仍存在模糊地带。尽管 2014 年新《预算法》中重申了由央行"经理国库"，但央行和财政在国库管理中的部分权责仍有未明确之处，如央行对用款和开户是否有实质监督和否决权等。其次，财政金融具有难以克服的协调障碍。由于财政部门负有对重点项目建设提供资金支持的责任，常有临时性大额支付款项，具有一定周期的税收等收入收缴也存在短期大额入账的特点，在信息获取与传递存在时滞的背景下，对库底资金的规模更难以形成成熟的预测机制，难免影响到央行制定实施货币政策的科学性与效果，因此，以财政国库的"削峰填谷"式财金协调管理需要从制度和技术两方面去考虑完善。最后，财政专户的管理需要进一步规范。出于资金用度等需要，各级预算单位开设的财政专户虽然在一定程度上满足了业务和用款的需求，但也带来账户繁多、资金分散、违规操作等问题，在因滞留影响资金安全的同时既增加了监管难度，也影响了财政收支规范度与透明度，这也是财政与央行协调中存在的重要问题。因此预算单位需要在满足用款需求的基础上，考虑进行定期核查与清理的可能性，在此基础上由财政与预算部门进行相应的监督考评工作。

四、进一步的现代化转型与技术治理

从理念、制度、功能与效果上看，我国财政国库管理从基础性的"集中型""主控制"国库迈向高标准的"绩效型""运营型"，并在这一过程中发展出"协调"的重要职能。总的来说，在财政国库管理活动中正在发生着的理念与功能转变是必要的，因为它不但适应性地在"压力型体制"中通过预期约束和过程监督推动着各级预算参与主体的行政活动理性化，还能够在有效组织的基础上以预算资金的存量统筹和流量报告增进部门和公众之间的信息沟通并影响政府的下一期决策。然而，横向权责分工、纵向机制延伸和末端执行效能等当前改革中存在的主要问题限制着财政国库管理功能的效果。因此，财政国库管理的现代化转型仍需加力推进，实施更加成熟的技术治理方案。

（一）健全国库管理横向权责分工体系

合理的权责分工为各类管理主体提供的正向激励，是保障制度得以良好运行的基础。对于国库管理活动来说，预算资金的安全与效益同样应当在"契合核心职责和相对优势"的"分工合作"框架下考虑。财政部门围绕"控制、运营与报告"的基本功能建立有效的内部控制和对预算单位与用款人的约束，而人大、审计部门与央行应当基于自身职能定位对预算执行活动开展必要的管理与监督。

从预算执行活动的主要环节"法定授权"—"承诺执行"—"评估审计"来看，人大的监督范围广泛包含着从授权到跟踪审计全过程；审计部门对授权后的执行与用款情况进行监督；而央行在实践中则通过对货币政策目标的维持和对需要直接办理的拨付业务进行凭证审核等方式监督预算执行。相应地，现有的权责分工内容应当基于上述结构调整或延伸，来确保各主体能够对预算执行过程产生必要的外部行为约束或监督支撑。从"授权—执行—审计"的关系来看，财政领域的集中统一是预算监督的基础，集中化组织与统一化约束后的财政国库管理部门、单一账户体系和内部业务系统同样为相关主体加强监督提供了明确的努力方向与对象。对于人大和审计部门来说，财政部门内集中的预算信息为细化事中监督提供了必要条件，其可以根据重点项目或专项资金的用款计划与拨付情况对比，跟踪监督、定期公开当前较为突出的执行进度与结转结余资金问题，并通过实地考察监督"名不符实"的项目资金挪用或违建情况、绩效目标的实现情况；从承诺执行的环节上看，央行具有为资金拨付监督提供更为精准的技术支撑远景。一方面，基于央行数字人民币的事前资质审查、可追溯机制与分布式账本系统，财政部门与央行可以基于实时共享的信息强化动态监控与专项资金的"穿透式"跟踪能力。另一方面，数字人民币的"智能合约"能够约束"最终收款人"依照既定的规则用款，并能自动收回逾期未执行的资金，这也有助于两个部门预测国库现金流量。可以说，在不影响财政部门既有执行计划的前提下，数字人民币等新工具的引入为宏观政策协调和执行监督的影响也通常是积极的。

（二）构建常态化的央地纵向互动治理模式

从信息互动的视角上看，任何行政活动（上下级政府间、本级政府与部门间、政府与公众间）都必然伴随信息的传递过程，且其间或然发生的扭曲会对接受主体的决策过程形成不同程度的干扰。进一步地，"层层委托"链条的延长在增加传递成本的同时，也加深了以失真风险为代表的不对称影响。因此，基于权力、资源和治理能力应该放在有效信息的层次上的逻辑，为实现"有效治理"而下放一定权力，并由基层政府依照"中央政令"

履行支出责任通常是"经济"且必要的。相对地，面对由此产生的、以"权力下放—政令无阻"为代表的矛盾，可以从信息传递的角度出发，探索通过建立常态化的互动治理模式来实现"统一性政策"下各级国库的有效管理。

央地之间应当通过一系列正式或非正式的沟通机制，来形成常态化的互动治理模式。这些机制通常在专门化的、具有业务指导监督关系的上下级对应行政部门间发挥作用，具有非单向的特点，能够有效降低信息交互成本，并在保障信息及时、真实与完整传递的基础上使双方尽可能减少对信息的误读。在上下级固有的"命令—执行"框架下，这些机制应当主要围绕政策意图与执行情况构建。技术工具能够在层级间沟通中发挥破除意图或行为模糊的"双向约束"作用。可以预期的是，高效互动模式的形成能够帮助地方争取适应本土化管理的政策空间，进而在相对确定的外部环境中提高地方部门的行政能力。进一步地，这些沟通机制提供了由下而上进行"需求—回应"式互动的基础，而这些需求的场景是愈发广泛的，如重要业务变化时的监督指导、可否被接受的、带有超前色彩的"干中学"式自主创新、复杂治理活动中与"非同级、非直管"的部门、单位或代理银行间协作等。回应行为为上级政府或部门带来的收益也是巨大的，因为相较于高成本与低服从意愿的"压力策略"，事中"正式关系"的形成能够在鼓励地方适度创新的同时有力压缩基层政府议价、共谋等"非正式关系"的结成意愿与变通空间，进而有助于以"最少且必要"的行政资源强化中央意志的延伸能力。

（三）通过激励相容提升末端执行效能

在非激励相容的制度下，不对称的信息地位和被动的执行者身份使得变通执行成为可预见的选择。要保障最终用款的效益，不但需要提高下级政府执行政策的积极性，也要引入公众监督机制，提高违规执行的成本。

从政府官员的行为取向上看，当前对政府官员进行支出效益的考核不但并非重点，而且实际执行也面临着重重困难。一方面，在政府官员决策的有限理性下，国内生产总值（GDP）、投资、就业等可被短期量化的经济发展指标能够更为直观地体现政府官员的"执政能力"，而偏重长期显现的支出效益难以被作为指标量化。另一方面，在支出效益提升的同时，基层政府节约后的预算资金在专项化要求下难以挪作他用，而"基数＋增长"的预算编制方式下，年终的过多结余反而会影响当地未来的"预算盘子"规模；其次，与企业的"预算过程"相近的角度考察，在预期不充分的条件下，委托方对于"不完全合约"中的内部控制要求越刚性，就越会促使代理方在事前缔约时做出低估产能或高估成本等"松弛"选择，进而"增加事前的机会主义行为"，而确定的外部环境会削弱内部控制与预算松弛的关系。

因此，从财政部门本身出发，在对人事考评影响有限的前提下，更为可行的办法依然是增强预算安排的科学性。按照财政事权与支出责任相匹配下保障基层财力的思路，对于重点项目应当强化入库前的可行论证；以"数据为核心"的财政数字化转型改进政府在公共服务管理方面的能力，并通过完善的技术工具逐步削弱以"决策者—服务提供者"为代表的委托代理关系中信息不对称所带来的影响；同时，对于我国严格控制"条目"而非整体性"规划"的政府预算活动来说，要确保执行阶段施加刚性控制时的预算资金使用效益，不但宏观经济社会环境应当维持整体性稳定，作为委托方的上级或本级政府也应当经常性地在当年预算中做出一些专门的生产或采购的保障性安排，来确保预算执行后的用款效益。

此外，面对基层行政公务主体间、政府与民众间因利益或人情网络而形成的各种非正式关系，仅谋求通过考核来强化"一票否决"对行政主体的制度激励，而不关注对公众发挥监督职能的激励，也会使考核最终难以奏效。对此，从预算执行影响着政府能否将"政治承诺"落实为"可信承诺"的角度来看，保障公众对预算执行情况的知情权，避免行政部门在公开意愿和公开渠道方面的"延迟回复""伪秘密""网站维护"等问题来提高公众的监督成本是首要的；其次，必要的发声渠道和保护机制的建设是通过给予对自身或公共利益保护的正向激励，来提升"非组织化"公众参与意愿的关键。总之，尽管公众监督也会增加基层政府的执政成本，但相对于政府间共谋或议价对政策"权威性和严肃性"的挑战，以及后者违规执行预算带来的机会成本与沉没成本，通过制度措施强化潜在参与主体的制衡力量无疑是应当被考虑的。

回首 2000 年以来财政国库管理的发展历程，国库单一账户体系不断完善，国库收付管理逐渐成熟，动态监控让资金运行更加安全规范，国库现金管理持续推进，引入权责发生制的政府会计改革使信息提供更为准确透明，基于中国国情而建立起来的现代财政国库管理从理念到制度予以定型，国家治理的意图沿着财政国库管理改革的路线得以贯彻，控制、运营、报告、协调、绩效等功能反映着国家治理现代化的进步。最后，愿这场改革如马寅初所言，长久实现"国库不至虚糜，而政治可望清明矣"。

财政资金直达机制虽然是为应对新冠疫情而被提出，具有应急之需的特征，但由于其符合"深化财税体制改革，建立现代财政制度"的内在要求，因而成为完善转移支付制度、改进预算管理制度、强化预算绩效管理、加快财政数字化转型的崭新契机和重大动力。

一、财政资金直达机制的三维实施进展

2020 年 5 月 22 日，李克强总理在政府工作报告中首次提出"建立特殊转移支付机制，资金直达市县基层、直接惠企利民"[①]。此后，"财政资金直达机制"这一表述在同年国务院历次"吹风会"与常务会议中被逐步确立，并于次年成为常态化机制。2020年 6 月，时任财政部许宏才副部长提出这种"特殊转移支付机制"要保持"现行财政管理体制不变、地方保障主体责任不变、

---

① 李克强：《政府工作报告：2020 年 5 月 22 日在第十三届全国人民代表大会第三次会议上》，人民出版社 2020 年版，第 9 页。

资金分配权限不变"[①]；2021 年 4 月，财政部预算司负责人将这一机制进一步表述为"将过去财政资金层层审批分配改为中央切块、省级细化、备案同意、快速直达，即'一竿子'分配到基层或者项目单位。"[②] 随着这一机制在"资金来源""资金直达""资金管理"三个维度上的实施，逐步建立起涵盖预算编制至资金使用全环节、涉及央地多层级财政主体、紧紧围绕基层财力与民生保障的全新机制。

（一）纳入直达机制的资金来源常态化

从资金来源上看，在 2020 年来自抗疫特别国债和新增赤字的 2 万亿元财政资金中，有 1.7 万亿元用于执行"三保""六保"等任务而纳入直达机制范围。2021 年，中央不再发行抗疫特别国债，而是把中央财政民生补助各项资金约 2.8 万亿元（如教育、就业、社保、卫健等）纳入直达范围，用于基本民生保障并缓解疫情和经济下行带来的基层财政压力（见表 7 - 1）。

表 7 - 1　2020 ~ 2021 年财政直达资金来源、构成、分配与用途变化情况

项目	2020 年	2021 年
资金来源变化	抗疫特别国债与新增财政赤字（1.7 万亿元）	无特别国债安排，主要来源由增量资金调整为存量资金（2.8 万亿元）
资金构成变化	包含一些用于基本民生的其他资金，并为应对疫情带来的经济、财政影响而新设"特殊转移支付"	把中央财政民生补助各项资金如教育、就业、社保、卫健等整体纳入直达范围，基本实现全覆盖

① 《建立特殊转移支付机制国务院政策例行吹风会文字实录》，财政部网站，http：// www. mof. gov. cn/zhengwuxinxi/caizhengxinwen/202006/t20200612 _3531190. htm，2020 - 06 - 12。

② 《贯彻落实"十四五"规划纲要 加快建立现代财税体制发布会》，国务院新闻办公室网站，http：// www. scio. gov. cn/xwfbh/xwbfbh/wqfbh/44687/45235//，2021 - 04 - 07。

项目	2020 年	2021 年
资金分配变化	除少量在省级预留，全部安排给市县	兼顾省级统筹需要，尽可能向基层倾斜
资金用途变化	主要用于五部分：支持开展常态长效疫情防控，保市场主体，保居民就业，保基层运转，支持重大项目建设	主要用于三部分：直接保障基层财力，保障基本民生，保障惠企利民

资料来源：笔者根据国常会、国务院政策例行吹风会实录等相关资料整理所得，参见：《建立特殊转移支付机制国务院政策例行吹风会文字实录》，财政部，http://www.mof.gov.cn/zhengwux-inxi/caizhengxinwen/202006/t20200612_3531190.htm，2020 – 06 – 12；《国务院政策例行吹风会》，中国政府网，http://www.gov.cn/xinwen/2021zccfh/18/wzsl.htm，2021 – 05 – 21。

上述资金安排与新冠疫情暴发以来的财政经济形势变化密切相关。在疫情暴发初期，2020 年一季度国内生产总值同比下降6.8%。其中，较能够代表实体经济状况的第二产业因受人员流动限制和产业链停摆影响而遭受大幅冲击，增量同比下降9.6%。无论是从单月城镇调查失业率上看，还是从 16～24 岁和 25～29 岁人口这两个重要年龄结构指标上看，形势较 2019 年同期水平非常不容乐观[1]；在这种情况下，减税降费政策持续发力，抗疫、扶贫等支出规模巨大，就业、养老等保障性支出刚性不减，财政收支矛盾极为严峻。2020 年一季度全国一般公共预算收入同比下降14.3%，中央和除西藏外各省财政收入同比均大幅下降，基层财力难以为充分行使支出职能形成良好保障。

在此背景下，由中央承担主要增支举债责任，将规模更庞大、范围更精细、投向更明确的财政资金，通过特殊转移支付机制快速直达基层，是支持地方政府积极有为落实治理举措、筑牢保障底线、维护社会稳定的"定海神针"；而随后的"常态化"决定则是瞻顾全局，从资金规模上为受政策影响明显的减税降

---

① 笔者根据国家统计局相关资料整理所得。

费、扶贫、抗疫等支出提供了基于积极的财政政策背景下"不搞急转弯"的过渡保障，免去了基层积极、自主、有力执行各类兜底扶持政策时的后顾之忧。

（二）资金直达的机制设计制度化

从制度设计上看，资金直达机制的转移支付安排从根本上解决了过去"长时下拨""层层截留"等问题。1994年分税制改革后，围绕财权与支出责任博弈和"参与主体追求自身利益最大化"这一制度变迁动因，历经多年由过渡到定型、名目口径等不断进行调整规范的改革历程，逐渐形成了采用因素法和项目法等层层分解，从中央到县级财政层层转拨，以一般性转移支付和专项转移支付为主要类型，共同财政事权转移支付不断健全的转移支付分配格局（见表7-2）。其中，资金多由地方财政因地制宜、自主统筹使用的一般性转移支付长期处于改革焦点，其所包含的均衡性转移支付等类别主要用于补偿地方财力缺口、促进实现区域协调等目标。共同财政事权转移支付目前在一般性转移支付中暂列，以曾经从专项转移支付划入一般性转移支付的，数额相对稳定的教育等资金为代表，主要用于保障央地履行共同财政事权的能力。通常体现着上级政府政策意图的专项转移支付则在改革中不断规范，以严格控制新设、相同性质归并、定期评估退出等手段有效处理了以"跑部钱进"等为表现的不同级次、地域间财力不均衡等问题。

相比于新冠疫情带来的巨大防疫支出与财政收入滑坡，过去的转移支付机制在资金分解、下拨环节存在的固有问题，对地方政府快速足额获取支出保障资金构成了严峻挑战：在分解环节上，庞大的转移支付资金需要根据不同的转移支付类型，分别采取分类或更为精细的项目拨款方式，并经中央、省、市、县层层细化分解方能到达基层，并不具有直达安排，产生大量的时间与工作量损耗；在下拨环节上，资金在上级财政长时间滞留乃至挪用的情况屡见不鲜，降低了最终到达基层的转移支付资金量与民生领域的保障效率。

表7-2   主要转移支付制度类型

转移支付类型	用途
一般性转移支付	主要用于均衡地区间财力配置，保障地方政府日常运转和推动区域协调发展。包括均衡性转移支付、县级基本财力保障机制奖补资金、老少边穷地区转移支付等
共同财政事权转移支付	主要用于履行中央承担的共同财政事权的责任，提高地方履行共同财政事权的能力。包括教育、养老、医疗、救灾等重要民生领域
专项转移支付	下级政府按照上级政府规定的用途，安排使用上级拨付资金来实现特定的经济和社会发展目标
特殊转移支付	主要用于支持地方落实"六保"任务，重点用于保基层民生、保基层运转、公共卫生体系建设、应急物资保障体系建设以及应对各领域不确定因素等

资料来源：财政部条法司，《中华人民共和国预算法实施条例解读》，中国财政经济出版社2021年版，第89~90页。

面对上述问题，财政资金直达机制从分解和下拨两方面入手完善制度设计。在分解环节，遵循"中央切块、省级细化、备案同意、快速直达"① 的原则，除已经正常列入转移支付的资金已经有现成的管理办法外，新设用于快速发挥应急保障功能、抵御全国性重大公共风险的特殊转移支付预算，和抗疫特别国债发行的资金一并由财政部按照能够赋予地方更多安排资金自主权力的因素法分解到省级财政部门，由省级财政部门细化后直接下达至

---

① 《建立特殊转移支付机制国务院政策例行吹风会文字实录》，财政部，http：//www. mof. gov. cn/zhengwuxinxi/caizhengxinwen/202006/t20200612_3531190. htm，2020-06-12。

市县基层，并辅之以时限要求，充分简化中间环节。在下拨环节，遵循"备案同意、快速直达"的原则，除部分资金出于管理需要由省级财政部门统筹，原则上要求全部资金下拨基层，并将分解情况向财政部备案，从而有效防止省级财政部门截留挪用资金，使其在压实责任、不做"甩手掌柜"的同时当好"过路财神"，保障充当基层财力保障的一般性转移支付等资金按照有效分解方案快速直达基层。

（三）直达资金的管理高效化

从资金管理上看，资金到达基层后，资金的安排和使用效率便成为直达机制管理的重点。在过去，项目管理与资金支出挂接不严密，资金到位后基层常常因找项目、定项目而出现"钱等项目"等问题；资金投向的统筹决策不够成熟完善，不但影响支出进度，也影响支出效益；资金使用过程缺乏足够透明度，监管机构和上级财政对资金去向是否符合政策方向、是否存在违规截留私存私用等行为缺乏及时有力的监管工具。这些问题很大程度上影响着预算管理的成熟度、政策执行的有效性和民众对政府的信任感。

从实际做法上看，直达机制的解决思路主要体现在强化部门合作、优化项目管理、建立监督机制和推进财政信息化建设等四个方面上。第一，在部门合作上，除人行、审计等在直达机制中扮演监督职能的部门外，在2021年又将教育部、卫生健康委纳入协调机制中来，不但能够促进教育、防疫等政策制定更为合理，而且能够使财政部门按照不同领域内优先级更加精细地确定转移支付资金分配与使用要求，并结合共享的财政数据合理分配监管权责；第二，在项目管理上，要求地方强化项目库建设，并以提前下达等方式增加地方预算编制时间，使后者在质与量上提高项目储备水平，加强项目的成熟度和可执行性，以免发生"钱等项目"或为满足上级要求而突击调整细化项目并支出等问题，降低资金使用效益与民生的真实扶助效果；第三，在监管机制上，既要求准确及时了解各级财政的支出进度，又推动建立"市县实名台账制"和相应的公示制度①，将资金"精准滴灌"到名单上具体的人和单位；第四，在财政信息化建设上，建立"一竿子插到底"的全链条监管监控系统，将付款和收款活动的人员、时间、数额、科目、用途等相关信息留痕管理，便于上级财政实时动态了解监督资金动向；衔接现有的财政国库动态监控系统和人行国库系统等，在开放、分析和比对中加强资金管理效能，进而实质提高直达效果。

总体来说，直达机制在扶助民生、支持减税降费、促进积极的财政政策"更加积极有为"上取得了良好成效，常态化的制度安排更是"保持宏观政策连续性稳定性可持续性，不搞'急转弯'的关键举措。"据统计，从2020年6月至同年年底，地方财政使用直达资金安排抗疫、就业补助等项目36.7万个，实际支出1.56万亿元，占中央财政已下达地方资金的92.3%。从支出级次上看，市县基层支出1.5万亿元，占比96.1%；从支出时间上看，同年10月底中央就已下达占比99.7%的资金，最快的仅用7天便到达基层；从资金用途上看，用于保基本民生的资金达9636亿元，占比达57%，其他资金则主要用于保居民就业和市场主体②。可见，直达机制为及时有效补充基层财力，精准落实"六稳""六保"任务提供了重要支撑，一方面将中央多部门纳

---

① 《建立特殊转移支付机制国务院政策例行吹风会文字实录》，财政部，http://www.mof.gov.cn/zhengwuxinxi/caizhengxinwen/202006/t20200612_3531190.htm，2020-06-12。

② 《完善机制推进资金直达常态化》，中国财经报，http://www.cfen.com.cn/ywzlslm/sjd/jx/202310/t20231019_199451.html，2021-03-16。

入到业务指导主体中来，形成监督合力；另一方面压实地方资金分配和执行管理责任，依托全过程、全链条、全方位的实时动态监控预警系统，有效确保了资金从分配至"最后一公里"的安全、高效和规范使用。

二、财政资金直达机制亟待解决的主要问题

客观讲，财政资金直达机制并非完美无缺，而是在转移支付制度设计、预算控制、资金监管等方面存在诸多亟待解决的问题。这些问题有些是源自直达机制自身，有些则受制于政府预算大环境，不能孤立简单评判，应在系统科学认知基础上予以稳妥化解。

（一）如何实现弥补基层财力和落实预期政策目标间的功能平衡

作为一种特殊的转移支付机制，财政资金直达机制应当充分发挥转移支付制度所具有的功能，即弥补地方财力不足、实现公共服务均等化、解决地区间外部性问题，同时实现中央和地方政府的预期政策目标。事实上，基于国内疫情得到稳定控制和直达机制被确定为常态化这两大背景，直接补充基层财力的一般性转移支付逐步"让位"于具有资金使用引导性或强制性的共同财政事权和专项转移支付，即随着基层的财力风险得到缓解，向基层滴灌的资金也倾向于从自主统筹财力（这常常被用于基建等生产性投资而非直接向民间发放补助等）转向政策上的"有的放矢"，从"三保""六保"转向多领域发展。然而，这是否意味着直达机制将逐步减少一般性转移支付资金量？进一步讲，结合央地财力与政策要求，直达资金的比重如何保持一个适度水平？回答好这些问题，事关财政资金直达机制的功能定位和功效发挥。

（二）如何保障直达资金安排和地方原有预算的有效衔接

在实际工作中，首先，需要考虑直达机制如何做好和原有地方预算之间的衔接。在常态化的背景下，直达机制安排已经和2020年的情况大为不同，很难再出现在地方预算早已做出安排的前提下在年中又接收大量资金的情况，但仍然需要注意科学制定资金分配标准、协调部门间支持方向等，避免对地方预算的"挤出"。其次，也要考虑直达机制如何做好自身年度间的衔接，即"不搞急转弯"应当是未来制度完善的重点。在央地围绕有限资金进行的长期支出博弈中，既需要科学分配资金，避免地方在某一领域或某一项目上产生惯性分配的"幻觉"，又可以参考专项转移支付的管理办法，建立健全定期评估和退出机制，为地方政府提供可以估测、较为稳定的预期。

（三）如何消除现行直达资金的预算控制盲区

从政府预算的理念来看，在我国预算改革仍以加强支出约束为主要方向，即处于控制取向阶段[①]时，任何政府预算活动应当遵循全面性、一致性、年度性和严格性等预算原则，以防止支出部门滥用误用资金或产生预算腐败。对于财政资金直达机制来说，它受"全面性"（全部政府收支必须纳入预算）原则的约束，符合"年度性"（预算每隔一年必须重新编制）和"严格性"（预算一经做出必须严格执行）原则的要求，但机制中内含的紧急预算和备案制度对"一致性"（所有的政府收支应当同等对待）原则构成了一定挑战，即：转移支付资金中的"特殊转移支付"项是否能够受到和其他转移支付资金相同的监管，这类缺乏支出历史以供参考的紧急资金是否能够真正如政策设计般产出对应绩效？直达机制中的所有资金因未层层分解，是否会出现分

---

① 马骏：《公共预算原则：挑战与重构》，载于《经济学家》2003年第3期。

类不够灵活合理、项目不够精准细致的问题？具有特色的备案制度是否能够使财政部获得及时有效地约束地方大幅调整直达资金分解方案的能力？从目前的执行效果来看，部分地区存在"资金分配不精准、下达支付不及时、扩大支出范围或虚报冒领、虚列支出、违规拨付"等现象[①]，这表明现行的预算控制仍然存在盲区。除以上原则外，对直达资金的使用也应当遵循前瞻性和效益性，而这更多建立在财政内部信息打通并提高分析决策能力、与央行和支出部门间形成有效配合机制、基层人员的资金资产运作水平提升等基础之上，需要制定相应的长期发展与改革规划。

（四）如何补齐现行直达资金的预算管理短板

从预算的流程来看，直达资金的管理活动应当严格按照预算法约束，沿着预算编制—预算批准和批复—预算执行—决算和报告等预算环节全链条开展。在不同环节需要注意的问题包括：直达资金在预算编制过程中，编制部门是否充分考虑资金需求与效益的变化情况，仍然机械使用"基数加增长"式编制策略？是否制定了合理的支出安排来防止年底"突击花钱"？在批准和批复环节的制度设计上，是否给予上级财政和人大以足够时间与修改权力，使其实质上尽到审核和约束责任？在生成预算指标进入执行环节时，是否能够实时全面记录或管理单位资金支付和资金结转结余等情况，来形成有力的刚性约束？在决算和报告环节上，记账活动是否能够实时准确反映支出情况？政府财务报告是否能够全面反映直达资金的使用方向与效益情况？在绩效评价中是否科学设定指标并合理评估政策目标，来保证"把钱用在刀刃上"？

---

① 《国务院关于 2020 年度中央预算执行和其他财政收支的审计工作报告》，中国人大网，http://www.npc.gov.cn/npc/c30834/202106/t20210608_311818.html，2021 - 06 - 08。

上述问题并非直达资金所独有，也经常发生在日常的预算管理活动中，对财政资金直达机制的功效形成实质性制约，需要通过继续深化预算制度改革补齐管理短板。

（五）如何完善对直达资金的监督体系

结合现有的财政资金监督状况看，财政资金直达机制同时接受"一般"与"特殊"两类监督。前者是指在财政资金的管理活动尤其是执行环节中，所受到的监督监控；后者是对直达机制单独设立的一系列监管规则和工具。从一般监督来看，在预算经过指标生成进入执行环节后，以财政、人行国库和审计部门三方为核心主体，依托财政国库动态监控系统、人行支付审核、审计跟踪评估等系统设计或制度安排，形成了贯穿预算执行事中与事后，对环节和资金流向具有相对完善控制与跟踪能力的监督框架；从特殊监督来看，针对直达机制，进一步扩围主体，服务于明确的目标，加强"共享性"和"严格性"，破除信息孤岛和不对称，多方位推进事中监控升级是其设计上的突出特点。两类直达资金监督机制有效发挥了民政、人社、税务等部门的调研、跟踪、督导优势，扩大了相关管理部门的数据共享范围和观察资金违规情况的级次范围，使监督部门对执行部门、上级部门对下级部门的监管更为有效。严格的预警规则和实时的数据传输则有力缩短了监督时滞，提供了纠偏和处罚依据。可见，直达机制监督已经初步与一般监管机制形成了衔接，如对接既有的预算指标系统、国库集中收付系统等与直达资金监控系统，实现资金和各项收付要素的全程标记与记录，但虚报虚列、支付活动与项目进度不匹配等问题依然存在，对低效和违规行为的警告惩罚力度也有待加强。这些问题的存在，客观上需要建立健全更加严格合理的约束资金分配和落实使用等方面的监督体系。

三、财政资金直达机制的优化举措

从根本上讲，财政资金直达机制需要与完善转移支付制度、改进预算管理制度、强化预算绩效管理、加快财政数字化转型有机结合起来，成为落实"深化财税体制改革，建立现代财政制度"战略部署的制度工具，有效提升财政在国家治理中的基础性支柱性作用。

（一）进一步明确直达机制的功能定位

作为一项新设机制，财政资金直达机制尚未有正式的定义与成熟的制度规范，这不利于基层单位和受惠民众全面认识、理解和参与直达资金管理活动。因此，需要立足于"常态化""制度化""高效化"的要求，进一步明确规定直达机制涉及转移支付、预算执行、绩效管理、资金监督等相关制度安排中"一般"和"特殊"、长期执行与逐步退出的具体内容。对于"一般"内容进行增补修正，如研究转移支付中关于紧急状态下新设特殊转移支付类别、调整层层下拨的资金分配方式、中央财政部门在何种情况下对转移支付发生实行备案审核等。对于"特殊"内容进行较为全面的、动态的描述和补充，以不断公开透明的预算管理保障公众的知情权和参与权，并形成有效监督。

（二）从源头上狠抓项目管理并提升决策和管理能力

无论是在分配阶段还是执行阶段，提升项目管理水平对于完善直达机制都有着极其重要的意义。对于前者，项目是否成熟可行直接决定着按照项目拨款的转移支付资金是否能实现预期的政策目标；对于后者，直接对项目进行管理能够有效解决过去以预算指标为主线导致的资金信息割裂等问题。因此，应当按照《国务院关于进一步深化预算管理制度改革的意见》的相关要求，将项目作为"部门和单位预算管理的基本单元",同时结合央地支出责任划分情况,对直达资金涉及的项目应当在年初入库环节就做出相应的细化和用途规定,对于重大项目进行事前充分评估,这不但使得基层财政部门能够利用更长的时间安排资金,从而在做好直达资金安排与地方预算紧密衔接的同时,压减非刚性、非高优先级的支出。待资金细化到基层后精准落实挂接项目时,也便于后续从源头对项目的执行、进度和资金流向进行全生命周期管理,提升监管效率。

(三)加强全过程预算绩效管理

只有资金进入支付环节,才能够产生最直观的政策成果,并据此开展绩效评价和考核监督,最终根据评价和考核结果研究下一财政年度的制度安排和资金分配。因此,规范预算执行是直达机制得以行稳致远的重点,也是快速、严格、精准等特点的重要保障。绩效管理是直达机制发现偏误并不断完善,实现资金使用经济性、效率性和公平性的重要途径。要依托动态监控等现有手段,充分发挥现代国库所具有的控制、运营与报告等职能,在制度设计上秉持环环相扣、逆向可溯的控制思维,加强财政、审计、人行等部门协作,落实支付末端的清单管理,并做好资金的调度管理和报告反映。要强化绩效反馈,将绩效管理贯穿于预算全环节中,严格筛查执行环节的不合理支出和超进度拨付等行为,如实反映直达资金"最后一公里"情况,并根据发现的问题科学编制预算,实现闭环反馈。

(四)将新一代信息技术更好融入预算管理一体化

完善、先进的信息系统是做好资金分配、传递支付信息、反映支出效果、加强监督管理的必要工具。短期来看,需要做到预算指标流、信息流和资金流的统一①，全面记录资金下达与使用信息并提高执行和绩效运行监控效率。长期来看，需要结合当前正在地方不断向下延伸的预算管理一体化改革进程，研究将直达资金系统与逐步容纳财政核心业务的预算管理一体化系统进行有效结合的可行性与方案，以避免在现有的预算业务迁移至一体化系统形成闭环管理后，又需与其重新做接口对接并进行多环节的规则调整，产生重复建设成本并可能导致业务运行产生风险。

---

① 《国务院政策例行吹风会》，中国政府网，http：//www. gov. cn/xinwen/2021zccfh/18/wzsl. htm，2021 - 05 - 21。

2015 年 9 月，国务院印发《促进大数据发展行动纲要》，系统部署大数据发展工作，加快政府数据开放共享，推动资源整合，提升治理能力。2016 年 3 月，《中华人民共和国国民经济和社会发展第十三个五年规划纲要》提出实施国家大数据战略，助力产业转型升级和社会治理创新。党中央、国务院高瞻远瞩，从战略的高度肯定了大数据的重要作用。大数据是一种技术利器，更是一种现代化的治理能力和理念，其在政府预算治理中的推广与应用，与现代财政制度改革有机融合，是实现我国财政治理体系与治理能力现代化的重要途径。

一、大数据时代的"预算革命"

当信息与计算机、网络和现代通信技术结为一体后，人类社会便迎来了一场新的科技革命①。自 1904 年电子管问世以来，现代信息技术沿着硬件、软件、科学理论和市场应用四条主线纵横发展开来。

（一）现代信息技术应用的四条主线

从硬件来说，计算机已经从功能单一、体积较大发展成功能复杂、体积微小、资源网络化的庞大家族，新型光子、量子、DNA 分子计算机进入人类研究的视野；从软件来看，计算机语言已从初级语言发展到 Oracle 数据库、Sybase 数据库管理系统，从 Windows 操作系统、UNIX 操作系统发展到浏览器软件、智能软件，新一代数据仓库与数据挖掘技术将全方位地影响到未来应用系统的目标选择；从科学理论看，信息论、人工智能理论、精简指令集理论等引导信息技术与产业的发展方向，而新的信息技术理论与方法依然在不断涌现；从市场应用看，经历了大型机、小型机、PC 机之后，正在步入一个崭新的数字化网络时代。现代信息技术的发展与应用，使人类社会面临着基础技术平台的巨大转换，使经济增长方式产生了巨大变迁，使企业、政府及社会治理方式发生了巨大变革。

（二）大数据技术对于预算治理的革命性意义

随着移动互联网的飞速发展，大数据技术已被认为是云计算、物联网之后又一颠覆性的技术革命，无论是企业还是市场抑或政府，都正在与大数据技术发生千丝万缕的联系。大数据技术

---

① 信息技术出现后引发的这一场新的科技革命也被称为信息革命，它的核心是信息性的劳动资料，与此前的科技革命有着本质的区别。它以计算机、网络和通信相结合的形式，体现在变革社会协作方式的推动力量中；以计算机集成制造系统的形式，体现在生产单元、生产线和整个工厂的自动化中；以计算机化检测手段的形式，体现在检测输出动力燃烧过程中的信息并对燃烧过程进行优化的过程控制中；以管理信息系统的形式，体现在掌握资金流通情况，大大压缩在途资金和货币投放量的金融管理中等。

对预算治理具有革命性的重要意义，不仅在于掌握庞大的财政数据信息，而且在于对这些含有意义的数据进行专业化处理，通过"加工"实现数据"增值"，在获取、存储、管理、分析方面超出了传统数据库软件工具能力范围的数据集合，具有海量的数据规模、快速的数据流转、多样的数据类型和价值密度低等四大特征①。

随着大数据技术正在政府预算管理系统中的推广应用，以海量数据为基础，以数据存储、挖掘、利用为手段，建立包括部门、单位、地域、群体等不同属性的数据词典，详细记录每个部门、每个单位的每一笔财政资金的来龙去脉和每一个时点的资金运动情况，涵盖财政收支的全过程，实践中发挥出诸多重要作用：一是加快信息传递速度，提高决策和管理效率；二是保证信息高质多量，增强决策和管理的科学性；三是提高决策管理过程的透明度，便于公众广泛参与；四是强化决策执行的监督，降低决策执行变形的发生率。从信息角度观察，信息的公开性、共享性、保真性使信息不对称现象大量减少。信息占有的不对称向对称的发展，决定了政府职能范围要适当收缩，即政府因信息不对称而具有的协调作用要减少，某些权力要归还社会。可见，将大数据技术应用于预算治理，不仅是建立现代预算制度的必然逻辑与历史使命，也是大数据时代所对应的"预算革命"及其内在的"预算理论革命"的客观要求。

---

① 这一观点是麦肯锡咨询公司（McKinsey & Company）提出的，它是由芝加哥大学商学院教授詹姆斯·麦肯锡（James O'McKinsey）于 1926 年在美国创建，全球最著名的管理咨询公司，在 44 个国家和地区开设了 84 间分公司或办事处。

二、预算治理的基本要素及其统筹关系

信息、流程与人，是预算治理的三个基本要素。人是治理与执行的主体，流程是业务处理的方式与基础，而信息是反映业务处理状况的记录载体。人、流程与信息之间的有机结合，是预算治理有效运作的基础和保障，也是大数据技术在预算治理中发挥积极作用的基本前提。

（一）信息的定义与价值

在现代社会，信息正以前所未有且不露痕迹的形式在不同组织机构和地域之间传播。根据信控制论创始人维纳的观点，信息是实物运动外化出来具有独特性的物质存在状态，是一种"可流动的特殊介质"，而信息传递与处理则构成了所有组织行为方式的基础。在一个组织机构中，信息就是联系人与人、人与业务管理之间的纽带，基于特定业务与管理方式的信息运动形成了信息流，这种信息运动是组织机构管理者基于各种资源进行业务处理与管理状态的反映。

实践中，预算业务与预算资金是财政部门处理的主要对象，两者运行是否通畅，很大程度上决定着预算治理水平的高低。而开展业务处理与资金管理的一个基本要件，就是优良的信息管理，任何信息混乱都可能造成业务与资金的混乱。

（二）流程的定义与价值

流程是现代治理最为流行的概念之一。所谓流程，一般是指一系列连续有规律的业务活动，这些业务活动以确定的方式发生或执行，导致特定结果的实现。

对于预算业务而言，流程是否高效合理无疑非常关键。预算业务流程是一组共同为履行预算职能、提供各项服务而开展业务活动所规定的程序与规范。合理的流程塑造，需要适应既定辖区的预算管理体制与机制，这也是财政部门提供优质、高效服务的制度保障。在特定规则下，对流程的优化管理，可以增加各项业务的价值增值或价值创造，提高预算治理的能力。

现代治理体系正从传统的职能分工转向流程的优化和再造，越来越多的组织开始关注流程，并把业务运作中大类单项任务重新按照流程内在的结构关系优化整合，旨在建立协调紧凑、高效的流程化管理模式。预算业务流程再造，也是大势所趋。

（三）人的权力与职责

组织是若干个人或群体所组成的、有共同目标和一定边界的社会实体。理论上讲，它通常包含三层意思：一是组织必须是以人为中心，把人、财、物合理配合为一体，并保持相对稳定而形成的一个社会实体；二是组织必须具有为全体成员所认可并为之奋斗的共同目标；三是组织必须保持一个明确的边界，以区别于其他组织和外部环境。作为一个组织的主体，人的行为无一例外地受到职责和权力的影响。一定形式的职责与权力，决定了既定预期目标的实现途径，也决定了具体业务管理的实现形式。

在政府预算组织体系中，高效的治理能力是以某种形式和结构的权力与职责关系为存在基础。按照各行为主体权力与职责的具体要求，维持该组织程序式管理与运作的正常开展。

（四）三要素的统筹关系

从内容上讲，如何处理好人的参与及协同（以下简称"行政流"），信息的传递与转换（以下简称"信息流"），资金业务活动与流程（以下简称"资金流"）等三个方面之间的关系，是预算治理必须回答的核心问题。将三方统筹起来，是建立现代预算治理体系与治理能力的必然选择（见图8-1）。

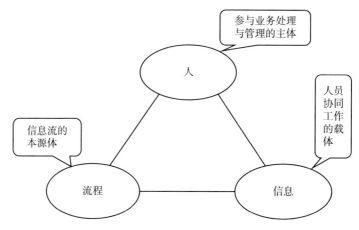

图 8-1　预算治理三要素的统筹关系

从人的角度看，根据德国社会学家韦伯的组织理论，任何社会组织中，人与人之间都是"控制"与"被控制"的行为关系。但是，"拥有权力与责任的人"要在业务处理过程中真正实现行权的目的，对信息的掌控是至为关键的一环。组织架构中的任何人，如果没有真正控制到他所需要的信息，就无法行使他拥有的权力。一个组织在信息缺乏的情况下，往往会出现"权力上行"的现象，即决策权需要上升到更高层才能进行；而在信息充分的情况下，决策点会下移，响应速度更加敏捷。实践中，如果不能实时获取具体真实的收支信息，财政部门将无法判断预算单位花钱的科学性或随意性，也就无法对财政资金的运行进行精准管理，资金的安全性、规范性与有效性也将得不到真正意义上的保障。因此，在信息系统不健全的组织机构中，信息的供给能力与人员协同工作之间，通常会出现冲突。随着管理目标压力的提高，人对信息供给的速度与质量要求也越来越高。统筹信息流与行政流之间的管理，是改善预算治理的重要途径。

从信息的角度看，组织机构其实是一个信息流的集合，信息传递与处理构成所有组织行为活动的基础。同时，信息又是对业务活动状况的反映与记录，而信息流的本源体是组织机构的特定的业务流程，即由一系列产生（输入）与产出（输出）信息的节点组成的业务处理与决策流程。在财政系统，一个流程会横跨多个部门。传统的组织机构多数是按照职能部门划分，一般都具有等级特征的分层结构，虽然便于控制和计划，但又会造成很多问题，如信息失真、信息不完全、信息孤岛、信息沟通不畅、反馈过度、机构整体机能趋于退化、政务流程复杂且分散等。因此，业务流程的结构关系变化，直接影响组织机构中信息流的结构关系的变化，反之亦然。组织机构若要改善治理水平，必须重新整合与科学改造原有的信息流程，优化组织机构的信息流供给的速度与质量，由此不仅会引起信息流的变化，也会引起资金流、行政流甚至包括治理模式的改变。

综上所述，预算治理三要素之间的关系需要统筹兼顾。预算治理变革推动行政流的变化，同时引起信息流的变化；信息流供给速度与质量的优化，不仅会引起资金流、行政流的改善，而且能够协助各行为主体更好行使其职责和权利，从而提高预算治理绩效。

三、推进预算管理一体化现代化

从 2019 年下半年开始，财政部启动预算管理一体化改革，先后印发《财政核心业务一体化系统实施方案》《预算管理一体化规范》《预算管理一体化系统技术标准 V1.0》等文件。中央各部门以及各省级与计划单列市已基本完成本级和下级试点的编制准备与信息、业务的覆盖率要求，在打破"各自搭台、分头唱戏"的业务与数据孤岛、加强"一盘棋"与执行力、以信息化促进预算管理现代化等方面取得了显著成效。然而，这项改革毕竟是一项复杂的系统性工程，迫切需要以一体化思想为指引，把工作做深做细做实，将我国预算管理现代化推向更高发展阶段。

（一）促进管理规范由"重指引"向"重约束"转变

从制度层面来看，无论是编制环节的支出分类与标准调整，还是执行环节的支付方式变更与单位资金管理，围绕着"无项目则无支付"原则，都体现出流程安排的科学化与管理颗粒度的细化，代编、虚报问题得到有效解决，财政资金使用更加精准有为。在实际操作中，受客观条件所限，有些管理规范不是足够细化，比如尚未规定对特定目标类项目的前期可信性论证流程；支出标准仍显粗略，不能很好实现从头"一条线"控制和中长期预测；各种渐进式规定，比如单位资金管理中允许地方视条件选择"严格控制"或"记录反映"模式等。为解决以上问题，需要坚持控制取向，促进管理规范由"重指引"向"重约束"转变。

（1）坚持以"限制支出"为目标的财政控制取向。在一体化改革初期，各省区有着不同的经济政治背景和参差不齐的理解认识，因而在有关规则的制定上采用指引性表述有利于将这项改革在全国迅速推开。随着改革的不断深入，有关管理规范应及早转向"重约束"，以更好地服务于"限制支出"的财政控制取向。

为此，围绕项目支出主线，按照职责与政策需要，对涉及职能部门的重大目标和大额支出的特定目标类项目，结合该部门单位往年预算执行情况、项目对政策的支持作用和可行性情况、项目执行主体的资质能力等做出专门入库研究；各级财政在现有行业、人员定额公式的基础上扩充建立并长期维护支出标准库，使支出有痕迹、有依据；合理划定集中支付方式，按照《预算管理一体化规范》（以下简称《规范》）要求倒排过去"直接支付"

项目，能够通过单位零余额账户执行的，可以采取添加大额支付财政部门审核等方式，优化财政部门操作流程和支出控制责任。

（2）逐步减少过渡性安排以促进统一管理。尽可能细化相关业务规范，并在原则上实现统一，从源头上为预算管理提供更好的制度保障。剔除经济、政治等客观因素导致的制度差异，用款计划等可取消的、单位资金等可选择控制的过渡性安排应当分析过渡原因，做好单位协调，畅通业务流程，设计转化方案，渐进有序地将全国性的、现行《规范》中所要求的"大原则"统一起来。

（二）实现预算管理内外部系统"两个联通"

从操作层面看，要实现预算业务管理一体化，关键是实现内部外部系统"两个联通"。对内部，以核心业务为主线逐步扩围一体化系统；对外部，做好与人大、人行、税务等部门和代理银行系统间的联通协调。目前，从内部系统的建设情况看，无论是"跟从"还是"自建"模式，规范的"大联通"已接近实现，但受历史遗留等问题的影响，未纳入规范中的"小联通"偶有割裂；从外部系统的联通情况看，部门、机构间沟通影响业务测试与上线，比如受支付报文变更影响，在地方财政真实测试走通支付流程时，不同的代理银行很难支持新旧凭证库切换，而各地人行需报总行营管部许可才能更新电子凭证库进行后续流程。为解决上述问题，需要坚持系统的完整性，进一步促进内外部系统的横通纵联。

（1）有效保障一体化系统的完整性。一方面，关注财政内部要素间的协调联动。缺乏必要联通或增加不必要的中间环节必然会影响整体收付或记账效率。因此，在"大框架"搭建完成后以环节简洁流畅为原则，在排查"小链条"中调整业务设计或机构岗位。另一方面，关注财政系统与外部系统对接合作。在沟通上，涉及相应级次决策的业务调整需要做好及时协商解决。在对接上，以现有联通机制为基础，进一步推进财税库银数据互通、提高人大监督预算能力。

（2）坚决避免重复建设。没有整体建设布局规划，忽视机械执行《规范》所带来的不便性问题，导致业务需求与系统、机构、岗位供给不匹配，是系统重复建设的主要原因。在一体化改革之前，部分省区已将主要财政业务纳入自建统一平台，但因规范不足、归集不力等原因放弃，造成大量的资金耗费。为避免重复建设，不但要关注操作上的"能不能"，更要关注设计上的"好不好"。

需要特别关注的一个问题是，采用"跟从"模式的省区，财政部门的原有业务是否"退化"，创新性建设需求能否得到满足。受客观条件影响，各省区财政原有管理理念、业务流程与系统建设存在较大差异。从机构设置上看，处（科）室职能职责分工各不相同导致业务设计相去甚远。比如，预算执行机构人数较多时，部分录入凭证的工作就会从业务处室后移至执行处室，这对执行机构人数偏少、过去主要通过批量审批生成支付凭证的机构自然不利；从业务管理上看，在经济发达的省区，市场主体较多，经济成分也较为复杂，涉及预算单位管理等业务安排（如公务卡管理、单位资金支付）较欠发达地区都存在不少差异；从上下级财政上看，尽管下级财政业务受上级指导，但也存在认知理念不同、系统建设公司不同、平台建设水平各异等问题。因此，为避免重复建设，既需要建设方与需求方做好沟通，也需要上级财政部门加强调研，及时督导，提高建设效率。

（三）在优化数据治理中推动财政数字化转型

目前，一体化改革虽然初步实现了项目、编制与执行数据的省级集中和央地对接，但数据的采集、管理与使用等仍需优化，主要表现在以下三个方面：从制度上看，数据传输范围有待明确。基于"分步实施"原则，目前管理制度未成熟定型，业务模块未全面开发上线，数据难以全面支撑决策分析；从管理上看，数据维护不规范，就项目库中的项目名称来说，各地差异较大，入库项目的精细度不一，弱化反映效果并影响检索效率；从安全上看，财政收付涉及身份证号、银行账号等海量个人及公共信息，存在数据可能被人为泄露或窃取的风险。为解决上述问题，需要优化数据治理，有效消除各种潜在的风险，加快建设数字财政。

（1）努力优化财政数据治理。一方面，要发挥好信息的记录反映功能，通过规范数据格式、内容，提高反映质量，并在部门、单位的"自有信息"转化为财政部门可查的"共有信息"过程中，对财政资金是否用到实处、项目执行主体是否有履行能力、支出进度是否符合政策要求、库底余款是否满足近期支出安排等进行精准了解和系统把控。另一方面，要发挥好信息的控制反馈功能，用"算法代替人情"，对缺内容、误操作"零容忍"，堵住信息的"暗道"和系统的"后门"，消除资金管理中的"不确定性"。在上述基础上，进一步利用编制、执行、决算等前端数据，结合预算部门、单位的职能职责、项目安排、资金用度等因素，根据其历史支出情况和成本收益等指数进行可信度、效益水平等深度分析，发挥事前审核和事后监督作用，实现"好钢用在刀刃上"和有效消除风险等目的。

（2）围绕"两个应当"推动财政数字化转型。在理念上，一体化改革应当促进财政治理形成"数据思维"，不但分析过程要围绕"数据"展开而摆脱"唯经验论"的桎梏，在采集和管理过程也要先明晰数据的功用，剔除无用数据，保护隐私数据，逐步将非结构化数据通过量化等处理形成具有价值的数据资产，并纳入统一的数据库中，有效结合数据可视化成果，将分析视角从单一因素"直线式"转向多元因素"网络化"，从政策的直接效果扩至间接影响，提升财政数字化管理和决策水平。

在实践中，一体化改革应当促进政府实现收支及治理的一体化管理，充分运用新一代信息技术，无论是以政府购买等手段考量补贴合理性来优化政府与市场边界，还是对应真实需求提升转移支付与公共服务提供效率；无论是基于数据流优化各部门的财政资金分配逐步由"配合者"向"监督者"转变，还是在监控单位使用"资金流"的过程中更好发挥"中介"作用促进财政事权与支出责任匹配，都要基于一体化改革的系统与数据支持。因此，完善好"制度＋技术"机制，充分挖掘数据的生产力，发挥财政部门的能动性，推动财政数字化转型，方为预算管理一体化改革的长远目标与根本目的。

第九章

数字人民币的财政应用与影响效应

　　以人工智能为核心标志的新一轮科技革命带来经济活动及其环境的根本变化，使社会生产呈现出数字化、智能化的新特征，孕育了数字货币的兴起与发展。货币是一切交易活动的先导和媒介，财政是数字货币应用的重要场域。我国财政收支体量巨大，财政资金交易活动涵盖政府与市场、公共部门与社会以及党政机构之间等众多主体。作为我国法定货币的数字化形态，数字人民币由国家信用背书，在可预见的将来，将和实物人民币长期并存，逐步在财政领域推广应用。与实物人民币相比，数字人民币所具备的特有属性将改变国库收付组织方式和流程，提高财政资金的配置效率以及公平性，带来财政体制变革等诸多效应，为国家治理现代化提供新动力新机遇。

一、数字人民币的概念与属性

　　在法定数字货币发行之前，网络支付平台、准数字货币或私人数字货币被发明并推入经济社会中使用，并对各国货币当局的货币权威带来一定的影响。从技术角度看，它们存在两大天然缺陷无法弥补：一是私人支付工具和支付平台之间存在割裂乃至对立的市场竞争关系，无法实现互联互通；二是私人数字货币信用等级较低，存在较高的市场风险或发行人违约风险，形成对公众持有无风险数字支付工具基本权利的瓶颈制约（Berentsen A and Schar F，2018）。这两大缺陷决定了私人数字货币具有极大的局限性，无法应用于财政补贴发放、税收收入征缴等对公场景，这也是推动各国央行积极研发法定数字货币的重要因素。国际清算银行的数据显示，全球 86% 的央行正在研究法定数字货币，其中有一半已经从概念研究阶段发展到试点阶段（Codruta Boar and Andreas Wehrli，2021）。

（一）数字货币的概念与分类

数字货币是一种不具备实体形式的，仅以数字形式存在的货币，允许在互联网上即时地、无地理限制地转让。按照数字货币发行主体信用程度的差异，可以将市场上的数字货币分为三大类别：由民间发行的、基于区块链技术的、去中心化/半中心化数字货币，由商业机构发行、多基于区块链技术、以内部生态循环使用为主的机构数字货币，以及由央行发行的基于国家主权信用、作为国家法币的组成部分或补充的法定数字货币。

法定数字货币，又称为央行数字货币（central bank digital currency，CBDC），由英格兰银行在 2015 年首次提出并定义为"中央银行货币的数字形式"。国际货币基金组织将其定义为"由中央银行以数字方式发行的、有法定支付能力的新型货币形式"。国内学者普遍认为，法定数字货币是"数字化的现金，建立在完全的国家信用基础之上，是技术信用与国家信用相叠加的最强信用货币"。从本质上讲，央行数字货币具有与法定实物货币等同的法律地位和经济价值，与法定实物货币并行发行和管理，债权债务关系不随货币形态改变而改变。

（二）数字人民币的定义与属性

我国是较早研发并试点法定数字货币的国家。根据中国人民银行的定义，数字人民币是中国人民银行发行的数字形式的法定货币，由指定运营机构参与运营，以广义账户体系为基础，支持银行账户松耦合功能，与实物人民币等价，具有价值特征和法偿性，支持可控匿名[①]。从理论上讲，数字人民币除具备传统货币的五大职能（价值尺度、流通手段、支付手段、贮藏手段和世界货币）之外，还具备以下三个特有属性：一是数字货币属性。数字人民币兼容基于账户、基于准账户和基于价值等三种方式，与银行账户松耦合，以数字人民币钱包为载体进行资金转移，并支持离线交易，可实现支付即结算；二是加密货币属性。数字人民币遵循"小额匿名、大额依法可溯"的原则，满足公众对小额匿名支付服务需求的同时，确保相关交易遵守反洗钱、反恐怖融资等要求；三是智能货币属性。数字人民币通过加载不影响货币功能的智能合约实现可编程性，使数字人民币在确保安全合规的前提下，设定货币的支付条件，促进业务模式创新。以上三重属性是数字人民币区别于实物人民币的核心标志。

不同国家的法定数字货币有不同的适用范围，与数字欧元被赋予货币政策工具定位不同，数字人民币的设计注重 M0 替代，而不是 M1、M2，[②] 不对数字人民币钱包资金计付利息，这是由货币的发展形势和规律决定的。M1、M2 基于现有的商业银行账户体系已经实现电子化和数字化，用数字人民币进行 M1、M2 的替代，无助于提高支付效率，造成资源浪费，而且会构成对商业

[①] 《中国数字人民币的研发进展白皮书》，中国人民银行数字人民币研发工作组，2021 年 7 月。

[②] M0、M1、M2 是反映货币供应量的不同层次，根据流动性的不同进行划分。

银行存贷款业务的竞争，导致出现"金融脱媒"，威胁金融系统的稳定运行。因此，数字人民币保持现钞的属性和主要特征，定位于流通中的货币M0，弥补纸钞使用过程不透明、容易匿名伪造以及存在用于洗钱、恐怖融资风险等缺陷，满足便携和普惠的需求。

现实中，数字人民币的应用推广不可能一蹴而就，是一个长期渐进的过程。从制度设计看，数字人民币可复用现有货币运行框架，不对现有货币发行流通体系产生冲击，可以在多种交易介质和支付渠道上完成交易，复用现有的金融基础设施；又可不依托现有银行支付体系，通过数字人民币钱包直接实现点对点支付，支付和结算同步完成，在数字人民币支付体系形成自循环。因此，在财政领域引入数字人民币，一方面要维护既有银行支付体系及国库集中收付体系的稳定性、可持续性，另一方面又不可避免地对当前银行支付体系、国库集中收付体系带来改变甚至重塑，进而推动财政资金交易关系、监管系统以及财税体制的完善。

二、数字人民币的财政应用场景

从理论上讲，财政具有优化资源配置、维护市场统一、促进社会公平和实现国家长治久安的职能作用。实践中，这些职能的有效发挥具体体现在财政同其他部门之间的资金交易关系及其对国民经济的影响上，并在货币的流通中得以形象化具体化。财政凭借庞大的资金体量和广阔的应用覆盖面，与企业、居民、银行等部门的货币交易构成了货币流通的重要内容，在数字人民币应用中扮演着重要的角色。

（一）财政在数字人民币运营架构中的角色定位

按照中国人民银行的设计，数字人民币采用"中央银行—运营机构"双层运营架构体系。中央银行作为双层运营架构的第一层，是数字人民币的管理机构，负责向运营机构批发数字人民币并进行全流程管理。运营机构作为第二层，是获得中央银行授权参与数字人民币运营的特许机构，代理中央银行提供数字人民币兑换和流通等服务，开展数字人民币兑出兑回、支付清算、准备金缴存、明细账簿记载、合规反洗钱等业务运营。各类单位和个人是数字人民币的用户，通过数字人民币钱包办理数字人民币兑出、兑回和支付等业务。

从实际情况看，财政部门既是数字人民币的重要用户，也是参与数字人民币运营管理的重要主体，还是联系中央银行、运营机构及各类用户的重要纽带。在财政收入端，企业和个人可以使用数字人民币缴纳税费；在财政支出端，各级财政可以利用数字人民币为企业和个人发放补贴、工资等，向基层政府转移支付资金。在业务操作中，数字人民币对公钱包的设计和应用、财政应用场景的实现和拓展等，都离不开财政部门的同意、监督和管理。具体讲，一是如何设计、开立各种类型的数字人民币对公钱包，财政享有审批权和管理权；二是数字人民币运营机构与国库收付代理银行之间的对接关系及业务开展，需要遵循财政制定的制度规章；三是数字人民币财政交易数据为国家治理提供强大的信息支撑，需要中央银行与财政部门共享共管；四是中央银行及运营机构按照财政部门的需求开展数字人民币对公场景应用和服务；五是财政部门可以协助中央银行及运营机构大幅提高数字人民币的普及程度，加快试点和推广进度。

在国家治理的视野下，数字人民币双层运营架构涵盖着中央银行、财政部门、运营机构、用户四个部门，在财政应用场景中构成了双主体支付模型，如图9-1所示。在四方关系中，财政部门不是一个单纯的数字人民币用户，而是具有与中央银行同等重要的宏观治理职能，决定着数字人民币的应用范围与推广进程。

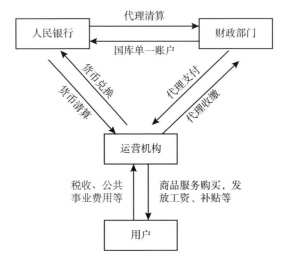

图9-1　数字人民币财政应用场景双主体四部门支付模型

资料来源：笔者根据《财政国库手册》、BTCA（2012）相关资料整理所得。

（二）数字人民币财政应用场景试点

数字人民币具有对公应用的天然优势，不同于第三方电子支付平台因与银行账户紧耦合带来的局限性，数字人民币以数字钱包为载体实现银行账户松耦合，通过加密字符串存储于数字钱包并运行在特定数字货币网络中，提高货币交易的便捷性，同时无缝衔接线上和线下的支付行为，满足多种支付交易场景的需要。

2019年以来，中国人民银行首先在深圳、苏州、雄安、成都以及2022北京冬奥会场景开展数字人民币试点测试，并从2020年底开始尝试在财政领域的某些单一场景中使用数字人民币。一是政府发放数字人民币补贴。2020年12月，深圳前海新区管理局利用财政授权支付方式，向特定港澳人才的数字人民币钱包发放数字人民币补贴，进行了第一笔数字人民币补贴支付。二是数字人民币缴纳非税收入。2021 年 7 月，北京丰台区职工大学一名学员通过授权的数字人民币钱包，成功向丰台区财政局非税收入专户数字钱包缴纳了一笔学费，并实时划转到区财政专户，成为全国第一个数字人民币在财政非税收入直接缴库业务的应用。三是数字人民币缴税。2021 年 9 月，大连成功实现全国首笔数字人民币线上缴税业务，纳税人通过开立数字钱包，使用数字人民币实现从税款缴纳到国库入库对账全流程，实现民生领域金融创新与数字科技赋能的有机结合。

在以上案例中，各试点地区的财政和预算部门并未开立对公数字钱包，而是通过运营机构内部账户进行转换。以财政补贴发放为例，财政部门向运营机构发出财政授权支付指令（包括支付金额、收款人数字钱包标识等），运营机构收到支付指令后，将相应财政零余额账户资金转为数字人民币，划入运营机构内部钱包，然后将数字人民币转至最终收款人个人数字钱包。每日终了，运营机构按正常流程向国库单一账户发起清算，收到国库清算资金后，运营机构再兑换相应金额的数字人民币补足其内部账户。该模式不改变传统国库集中支付流程，但对运营机构的内部兑换效率提出较高要求，如图 9-2 所示。

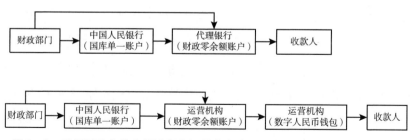

图 9-2　现行财政直接支付流程和运用数字人民币进行国库支付的试验模式

资料来源：笔者根据《财政国库手册》相关资料整理所得。

（三）数字人民币财政应用场景拓展

随着数字人民币技术和制度的成熟，其财政应用场景将不断丰富。然而，由于数字人民币不计息、丢失后不易寻找及实名认证强度高等原因，社会公众对数字人民币的接受度并不高，尚不具备向社会公众发放数字人民币工资、补贴等大规模使用数字人民币的社会及心理基础。就近期而言，国库集中收付体系、财政资金直达机制、预算执行动态监控与结余资金管理等可以作为数字人民币财政应用场景的拓展重点。

（1）将数字人民币对公钱包引入国库集中收付体系。现行国库单一账户体系以银行账户体系为基础，包括国库单一账户、零余额账户和财政专户。数字人民币与银行账户松耦合，兼具账户和价值特征，这就意味着国库单一账户体系可以加入数字人民币对公钱包，并与传统银行账户互联互通，利用数字人民币进行财政资金拨付、收缴和发放财政补贴等业务。依托数字人民币即时清算和可追溯性等优点，构建加入数字人民币的国库集中支付流程，如图9-3所示。财政部门可基于零余额账户在运营机构开设对公数字钱包，预算部门提出支付申请后，财政部门审核并通过财政管理信息系统向对应零余额账户的数字钱包发送指令，数字钱包通过代理商业银行向央行兑换支付所需金额，同时央行对国库单一账户进行同步清算，零余额账户数字钱包在兑换成功后自动将款项支付给收款方。这种新的支付方式在不改变原有国库单一账户体系的基础上，通过整合国库集中支付手段，简化支付流程，实现收入直达入库、支出直达最终收款人，单位用款由多层级管理转变为扁平化管理，减少财政资金在预算单位账户沉淀，降低清算时滞。同理，可以构建加入数字人民币对公钱包的国库收缴税收和非税收入的流程，前提是将对公钱包与财税库银横联系统、财税专户畅通信息共享功能。

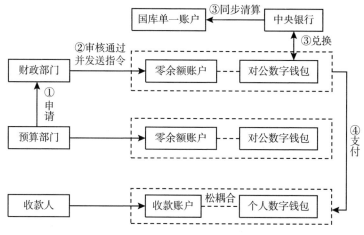

图 9-3　加入数字人民币钱包的国库集中支付流程

资料来源：笔者根据《财政国库手册》相关内容整理所得。

（2）利用数字人民币的可编程性实现财政资金精准直达。常态化财政资金直达机制作为一种特殊的转移支付制度安排，对直达资金的拨付速度和投放精准度提出较高要求。依托数字人民币的智能货币属性，通过加载不影响货币功能的智能合约实现可编程性，在职责赋予的权限范围内对直达资金去向和用途实时追踪，实行穿透式全流程监管，确保直达资金规范安全高效使用。如图9-4所示。

（3）优化预算执行动态监控和结余资金管理。基于预算管理一体化系统、监控分析平台、财税库银横联系统等形成的国库账户、资金收付等信息，我国已建立预算执行动态监控系统。依托数字人民币的可追溯性、可编程性，能够更加精准地获取最终收款人的真实信息，提高财政资金运行信息的反馈速度和透明度，为科学编制预算、分析执行进度以及宏观经济治理提供决策参考。利用数字人民币的条件触发机制，设定财政资金分配及使用的有效期限，可以对截留挪用、虚列开支等行为进行预警，对财政结余资金建立自动化、智能化的收回机制。

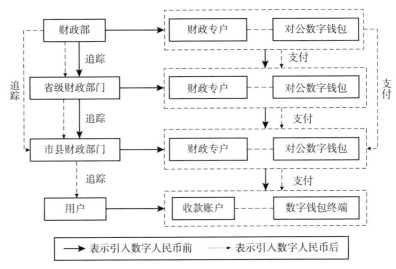

图9-4 数字人民币在财政资金直达机制的应用

资料来源：笔者根据《财政国库手册》相关内容整理所得。

三、数字人民币在财政领域的影响效应

数字人民币在财政领域的影响效应，建立在数字人民币财政应用场景普遍推广的基础之上。随着财政应用的不断拓展，数字人民币像"血液"一样通过国库集中收付体系逐渐深入到财政领域各个方面，将产生成本、监管、数据、激励相容四大影响效应，在国家治理现代化进程中发挥出不可替代的积极作用。

（一）成本效应

作为国家提供的公共产品，法定货币的发行和流通要消耗一定的人力、物力和财力等成本，直接表现为财政资金的损耗和开支。作为法定货币的数字化形态，数字人民币通过跨站点、机构和区位的业务网络及信息共享，大幅降低货币发行和流通成本，降低税收征管及财政资金流转成本。

（1）降低现金管理成本与全社会现金运营费用。尽管现金在支付领域所占份额不断缩小，但随着经济体量扩张以及劳动力成本不断上涨，现金印制和管理成本仍在大幅上涨。以纸币美元为例，如表9－1所示，2021年货币业务预算为10.9亿美元，比2020年增加2.19亿美元，增幅为24.93%；固定印刷费用的预算为9.75亿美元，比2020年增加2.42亿美元，涨幅高达33.08%[①]。在我国，2021年流通中货币M0余额9.08万亿元，同比增长7.7%，全年净投放现金6510亿元[②]。实物人民币从生产到销毁各环节耗费大，安全防护成本高。与实物人民币相比，数字人民币在实现传统的现金收集、计算、记录和运输相关流程的同时，不仅能够节省大量的原材料费、排版印刷费、运输费等，还可以通过云存储节约储藏费用，减轻现金管理的负担，且边际成本为零，有效节约全社会现金运营费用。

表9－1　　　　　　　　　　2021年美国货币预算概况

支出类别	2020年（万美元）	2021年（万美元）	变化率（%）
固定印刷费用	73294	97542	33.08
铸币设备更新	9000	4961	−44.88
货币销毁、合规管理	473	496	4.86
货币运输费用	1904	3362	76.58
货币业务预算	87715	109583	24.93

资料来源：《美联储2021年货币预算》，参见 https：//www.federalreserve.gov/foia/files/2021currency.pdf。

---

① 《美联储2021年货币预算》，参见 https：//www.federalreserve.gov/foia/files/2021currency.pdf。

② 《2021年金融统计数据报告》，中国政府网，http：//www.gov.cn/xinwen/2022－01/12/content_5667894.htm，2022－01－12。

（2）降低税收遵从成本和税收征管成本。税收征管成本受经济背景、纳税意识、信息技术等因素影响，其中信息约束是传统税收经济分析的核心，决定了政府的税收执行能力，进而影响税收征管成本。据统计，我国税收征管成本率已达4%以上，而西方国家一般维持在2%左右（王秀芝，2015）[①]。现金作为一种隐蔽性极强的资产，流通方式很难被追踪，存在偷税漏税风险。"零工经济""共享员工"等新兴用工方式，进一步增加了税收的遵从难度。

货币作为现代社会衡量物质财富的价值尺度，为国家征税提供度量依据。同时，税收本身也要以货币的形式缴纳。因此，税务部门掌握了纳税人的货币流通情况，就获取了纳税人的全部涉税信息。数字人民币的应用可以使交易双方通过电子方式记录资金往来，弥补现金流通中的信息缺失，增强税务部门分析、跟踪和报告纳税人税收合规性的能力，有效防范偷逃税等违法行为的发生，从而降低税收遵从成本和税收征管成本。

此外，数字人民币各种涉税信息为政府制定税收政策提供统计学数据支撑，通过对纳税人不同时期的收入、资产持有状况、配偶收入等因素整合分析，按照纳税人的真实经济状况进行征税，可以优化税制结构，避免税收扭曲，提高税收治理精细化和个性化，促进税收实质公平。

（3）降低财政资金流转成本。在现行国库集中收付体系下，各级财政通过不同的代理银行执行收付，各代理银行和人民银行之间的支付清算以及代理银行执行财政指令进行支付的过程中产

[①] 税收征管成本是政府行政成本的重要内容，主要包括两个方面，一是税务机关征税花费的行政管理费用支出和其他支出，二是由于税务机关放弃对一部分纳税人的管理或纳税人偷逃税款导致税收收入的损失而造成的机会成本。税收征管成本率是指税收征管成本与税收收入的比例。

生复杂的运营和支付成本。数字人民币以数字钱包为载体，实现国库与收款单位或个人的实时点对点连接，进行即时支付结算，省去后台异步清算、结算与对账的流程，降低支付成本和错误率，提高支付效率。同时，数字人民币由人民银行直接提供，不计付利息，也不对兑换流通等服务收费，因此，不存在跨行转账手续费、银行垫资利息等问题，具有零成本优势，能够大幅节约资金收支运行成本。此外，数字人民币的智能合约可对资金划拨的中间环节、使用人、用途等设置限定条件，在限定期限内定期向收款人的数字钱包自动转入确定的金额，有效防范资金截留、挪用、利益输送等风险，降低财政资金流转中的管理成本。

（二）监管效应

数字人民币兼具账户和价值特征，不仅可以记录每一笔交易，还可以实时追踪数字钱包中的资金走向，提高货币流动监测控制能力，消除监管盲点。从现实影响看，数字人民币流通产生的强监管效应在财政领域得到充分的体现。

（1）实现财政资金全流程溯源和监管。破除信息孤岛和信息不对称，是财政资金全流程溯源和监管的前提。由于政府部门之间存在信息不对称的情况，以及受地方事务的复杂性和多变性影响，财政资金运行中存在信息流与资金流不能完全匹配的问题，监管机构和上级财政对资金去向是否符合政策方向、是否存在违规截留私存私用等行为缺乏及时有力的监管，很大程度上影响着预算管理的成熟度、政策执行的有效性和民众对政府的信任感。

借助数字人民币的可追踪特性，辅助一定的智能合约权限管理，在预算指标生成进入执行环节后，财政部门可以不依赖其他业务参与方，将资金流转中涉及的人员、时间、数额、科目、用途等相关信息留痕管理，实时动态监控每一笔财政资金的拨付和使用情况，准确及时了解各级财政的支出进度，严格筛查执行环节的不合理支出和超进度拨付等行为，建立"一竿子插到底"的全链条监管系统，形成贯穿预算执行事中与事后、具有相对完善控制与跟踪能力的监督框架，规范财政资金使用，促进财政信息公开。

（2）完善财政政策决策与管理机制。货币数字化为提升财政政策决策和管理能力提供新工具。利用数字人民币的分布式账本技术和账户松耦合等特性，对国库资金运行中的金额、科目、周期、效益等信息进行大数据技术分析，准确掌握财政政策的执行情况，结合以往年度的分配、执行数据及其绩效状况，为财政政策科学决策、适时调整与战略优化奠定坚实的基础。

从具体收支管理活动来看，利用数字人民币能够获取有关国库现金流动的适时数据，通过分析和预测国库现金流的真实波动性和国库资金存量状况，帮助财政部门提高现金管理能力，在保障国库现金安全和资金支付正常需要的前提下，以国库闲置现金余额最小化、投资收益最大化为原则，确保国库现金平稳运行在较低水平，还可以增强财政政策与货币政策的协调配合程度。

（3）提升公共服务供给和管理效能。数字人民币以数字钱包为载体实现银行账户松耦合，方便偏远地区和智能终端使用障碍群体在不持有银行账户的情况下开立数字人民币钱包，双离线交易模式能够帮助网络覆盖不到的地方顺利完成交易，有效消除金融"鸿沟"，增进公共服务的可及性和普惠度。借助生物识别等途径，数字人民币能够构建分布式数字身份认证体系，为社会公众提供数字金融身份识别与认证服务，有效克服市场失灵造成的政府对公众偏好和公共服务供给缺口的识别偏差，减少信息不对称带来的道德风险与逆向选择，提高公共服务供给的公平性和有效性，保障财政再分配职能的有效发挥。

(三) 数据效应

庞大的经济规模和财政体量决定了财政部门具有巨大的数据资源优势。与对私场景的应用不同，数字人民币对公场景不仅涉及海量的交易数据，而且涉及大量的财政信息。大数据是一把"双刃剑"，一方面可以节约流通费用，降低监督成本，保障数字人民币交易安全，为实施宏观审慎监管提供依据；另一方面由于数据的易复制、低成本等技术特征，增加了其在数据权属关系、隐私保护、国家安全等方面的复杂性。

（1）数据权属关系划分影响财政的统一性完整性。数据要素的流动涉及数据当事人、收集者和数据使用者三类利益攸关主体。其中，财政部门、支出机构或具体个人是数据当事人，是数据所记录活动指向的具体机构和个人；人民银行是数据收集者，具有见证数字人民币全生命周期流程的能力和职责；运营机构作为数据使用者，为数据当事人提供服务的过程中也涉及大量的数据流动。数字人民币体系基于"一币、两库、三中心"的总体框架①，从时间域上，央行能够提取数字人民币发行、流通、交换、储藏、回收的全生命周期关键基础数据，包括财政资金从预算安排、国库支付到抵达个人的资金运行全链条信息；在空间域上，央行能够构建数字货币运行分布云图，勾画数字人民币运行的规模、地点、时间，并进行空间标注，清晰了解财政资金的运行区域和投放重点。该运营框架赋予央行事前、事中控制货币流向和事后监督货币交易行为的权力，央行所掌握的数据远超出其在传统货币模式下单纯作为国库代理者的角色所需要的信息范围。

---

① "一币"指数字人民币，"两库"指数字人民币发行库和数字人民币商业银行库，"三中心"指认证中心、登记中心与大数据发行中心。

根据现代财政理论对财政职能的界定以及财政与央行的关系定位，数字人民币的引入不应动摇财政部门对国库库款的支配权地位。从国家治理的稳定和可持续需要出发，国库单一账户体系的财政主体地位应当得到尊重和维护。央行作为国库收支核算的执行者，对财政资金的监管不应干涉财政国库收付的内部管理、削弱财政管理职能，避免导致安全隐患和效率低下等不利局面的发生。

（2）隐私保护与必要透明度之间的再平衡。与现金的交易过程完全匿名不同，数字人民币遵循"大额依法可溯"的原则，增加了交易、流转的信息传导链条。数据要素的非排他性、易复制性特征决定了在技术上很难限制数据的扩散，数字人民币相关参与主体泄密、系统缺陷、黑客入侵等行为都可能衍生出用户隐私和财政信息泄露等风险，对微观个体权益乃至经济社会运转带来负面影响。在数字人民币应用推广中，安全技术系统建设、用户隐私保障机制、信息披露制度以及对央行信息保障工作的监督管理等，是决定数字人民币的社会认同及接受度的关键因素。处理好隐私保护与必要透明度之间的关系，才能为数字人民币的全面普及扫除障碍和提供根本保障。

（四）激励相容效应

现代经济学理论与实践表明，激励相容能够有效地解决局部利益与整体利益之间的矛盾冲突，使各方主体的行为方式、结果符合集体价值最大化的目标。数字人民币随着财政资金的流动深入到各项管理活动之中，直接影响各参与主体的行为，并对它们之间的相互关系带来变革，有利于形成激励相容的良好局面，充分发挥中央与地方、政府与市场、公共机构与个人等各方主体的积极性。

（1）技术赋能服务型政府建设与社会协同治理。利用数字人民币将数字技术赋能机制嵌入国家治理体系，推动政府数字化转型，提升政府治理能力和社会协同能力，实现有效市场和有为政府的优势互补。比如，数字人民币的大数据属性丰富了政府获取和提供各类信息的手段，有助于解决信息不对称问题、强化和优化政府对市场垄断的管控；借助生物识别、数字支付等途径实现精准化财政补助、税收调节等，减少政府对市场的无效干预。

为适应科技革命和数字经济活动的需要，在数字人民币发行制度设计上采取中央银行、运营机构、科技公司多主体共同参与的架构，商业运营机构、科技公司等主体之间开展合理竞争、有效合作，共同提供服务并协同创新。在对数据合理确权的基础上，商业运营机构和科技公司拥有法律规定范围内的有限使用权，能够提高数据应用的效率，调动市场主体的积极性，促进数字经济及其产业环境的良性发展。

（2）促进财政与部门之间、不同层级政府之间的激励相容。从横向看，由于部门之间信息不对称，各支出部门具有财政资金的二次分配权，财政部门难以核实公共服务的真实成本，容易引发财政资金的配置扭曲和效率下降。数字人民币通过提升支付信息透明度，畅通财政资金、公共服务、服务对象之间的信息传导链条，实现穿透式全流程监管，确保财政与部门之间共同目标的顺利达成。以政府采购为例，传统政府采购体现的是各职能部门的需求，财政扮演的是被动出资者和名义上的监督者角色，在实际操作中难以控制采购的质量和效率。利用数字人民币的可追溯性，实现采购资金流、物流和信息流的三者统一，通过内嵌的比价算法进行复核检验，符合采购需求和管理规范的方能成功支付，可以堵塞政府采购漏洞，实现预期的政策及管理目标。

从纵向看，不同层级政府由于信息收集和加工能力不同，其行政效率和管理成本也有所不同。受信息不对称、复杂性等因素的影响，政府间事权和支出责任划分容易出现不清晰、不合理和不规范等问题，不利于财政资源的优化配置。依托数字人民币的穿透式监管和资金精准直达等优势，有利于形成分权基础上的不同层级政府之间的激励相容关系。一方面提高中央政府的监管能力和对地方政府行为的制约能力，更好发挥中央政府收入再分配职能，保护国内共同市场，促进区域均衡协调发展；另一方面通过提高税收征管效率，扩大地方政府收入规模，增强地方财政的资源配置能力，从而有效提供公共服务，与高层级政府形成发展合力。

四、加快推广数字人民币的财政应用

现阶段，我国已初步具备推广和应用数字人民币的经济和社会基础。数字人民币研发、推广的关键步骤在于对公场景的确立和财政部门的参与。作为技术信用与国家信用相叠加的最强信用货币，数字人民币兼具数字货币、加密货币和智能货币三大属性，在降低经济成本、强化财政监管、优化数据要素管理、实现激励相容等方面具有实物人民币无可比拟的优势，然而也隐藏着潜在"破坏性"风险。从短期看，数字人民币发行的影响主要集中于国内。从中长期看，随着世界主要国家纷纷研发与推广本国法定数字货币，现有货币国际竞争格局和汇率制度将受到实质性影响。为平稳有序开展数字人民币的推广和普及，需要央行与财政密切协作配合，完善顶层设计，共同做好体制机制建设，更好发挥数字人民币在推动实现国家治理现代化中的积极作用。

（一）推进数字人民币发行和流通的立法工作

货币发行权是国家主权的重要组成部分，数字人民币的发行方式、流通方式、监管机制与传统货币存在很大差距，目前法律法规在这一领域尚为空白。应对我国当前已有相关法律进行修正，并围绕反假币和反洗钱、个人隐私保护与数据安全等领域制定专门性法律法规。在财政领域，研究出台对公数字钱包设计指引和财政业务应用操作流程，引导各级政府规范推进数字人民币试点。

（二）增强数字人民币对财政国库管理的适应性

利用数字人民币进行财政资金收付，新的业务流程设计需要遵循现行财政国库管理制度的操作原则和监管要求，避免财政资金滞留预算单位、脱离财政"视野"和形成监管"盲区"，警惕分级分散支付可能死灰复燃。同时，大量财政资金在银行账户之外的数字钱包中流通，也会造成国库资金投资收益的流失，增加政府财务管理的机会成本，需要研究设计数字人民币模式下的国库现金管理制度与操作办法，并与实物人民币的国库现金进行统筹管理。

（三）完善财政数字基础设施建设

数字人民币在财政领域的应用，需要在现有政府财政管理信息系统（GFMIS）基础上搭建一整套具备高度保密、绝对安全、超高效率的支付结算系统，契合各部门的实际需求，打破财政管理信息系统与其他部门信息系统的信息交换壁垒，赋予财政管理信息系统与金融部门自动化数据交换的技术能力，立足高效、稳定与安全三项原则，保障系统兼容性和智能性，将财政管理从信息化时代真正提升至数字化智能化时代。

（四）确定数据权属关系及产权保护规范

数据要素是数字人民币助力财政职能发挥的前提和基础。防范数字人民币用户隐私泄露、数据垄断等风险，不仅是技术性问题，更关乎国家治理的稳定与安全，需要在科学划分数字人民币数据生产、使用、交换等环节的权属关系基础上，建立财政与央行的沟通协调机制，确立数据安全审查制度和流程，严格限定信息披露程度和范围，充分保障财政部门和各类用户的信息安全。

（五）创新功能场景以提高数字金融普惠性

为推动社会公众普遍接受、广泛使用数字人民币，需要在服务提供主体方面保持较高的开放度和包容性。根据实际需求设计适合未成年人、老年人以及部分排斥使用智能终端群体的系列化数字人民币产品，满足无账户人群、残疾人等特殊群体的需要，以扩大数字人民币的社会覆盖面和可得性。

（六）提升党政干部和社会公众的数字技术素质

数字人民币的应用向党政干部及社会公众的专业素质提出更高要求，特别是财政、财务、金融等从业人员，须具备较强的数据处理能力、数字经济思维能力和数字技术专业能力，以适应货币数字化及财政数字化转型的时代需要。

预算的国家属性及其现代化议题

预算从来不是一个简单的技术性财务性问题，而是关乎经济社会发展以及国家兴衰的大事。有效的国家治理离不开预算，若预算失灵，国家治理将无从谈起。自从预算诞生以来，就一直处于国家治理的核心。

一、预算的国家属性

理论上，预算是经济学、政治学、社会学、管理学等诸多学科共同关注的焦点。实践中，预算在东西方世界历史发展中积累下宝贵的经验教训，为我们客观全面认识预算的本质属性提供了丰富的素材。

（一）预算是资源配置的计划工具

经济学视角下的预算理论从资源配置出发，认为预算是实现资源最优配置的计划工具。1940 年，美国学者科依提出预算理论必须回答的基本问题：在什么基础上做出将某一数量的资金配置给活动 A 而不是活动 B 的决定，这就是著名的"科依问题"①。经济学的传统观点认为，财政资金应当用于能产出最多公共产品的项目，即收益最大化，因此预算管理者都希望从理性选择的角度寻找一个资源配置的最优标准，使预算决策更加科学。

近代以来东西方国家的发展史表明，预算在宏观、中观、微观三个层次上影响国家、政府及其公共部门的运作。换言之，预算的基本职能包括三个方面：财政总额控制、资源配置效率、管理运作效率。最终的目标是预算问责，因为预算必须为公民负责，这也是现代预算的基本要求。在我国，预算不仅是量入为出、统筹安排的财政收支，也反映国家的战略、规划、政策，反映政府的职责、活动范围和方向，以实现资源最优配置。

（二）预算是国家利益的实现方式

就政治学视角而言，预算是一种规定政府应该做什么的理论，如果用"政府应该做什么"来代替"预算中应该有什么"，就会非常清楚，一套科学规范的预算理论一定是一种全面具体的政治理论，这一理论详细阐释某一特定时期政府活动应该是什么。预算是政治决策过程的产物。如果说经济学家专注于成本效益分析，权衡竞争性的备选方案并从中选择一个最优或最有效的方案，而政治学家则更关注哪些由决策者所负责的决策，以及由此导致谁受益，谁不受益，谁受益多，谁受益少。

从表面上看，预算是政府关于未来某个时期（一个财政年度或 3～5 个财政年度年）的收支测算，是一个技术性或是枯燥的会计问题。但从根本上讲，预算的过程及其结果都是一个国家极其重大的政治问题。在任何一个国家，一旦做出预算分配的决

---

① O Key, O. 1940. The lack of budgetary theory. American Political Science Review Vol. 34，No. 12：1137 – 1144.

策，行政机构就将其视为不可变更的权力，在规定时期内，这些预算资金可供它们来使用。在预算报告和预决算草案的背后，反映了谁从政府这里得到了政府能够提供的公共服务，谁又承担了成本，反映了国家利益及其实现的方式。从某种意义上讲，控制了预算，就控制了国家。

（三）预算是塑造国家治理的重要利器

从管理学视角看，预算是决定和影响国家治理的核心制度。对于预算和国家的关系，财政社会学的鼻祖奥地利政治经济学家鲁道夫·葛德雪在 1917 年就曾提出"国家 State 与预算 Etat 作为同义语诞生"的观点。在他看来，预算是国家剥去了种种迷惑人的意识形态外衣后显露出来的国家本质。表面上，预算是政府财政收支计划的反映；实质上，预算是政府所为或意欲所为的财政反映。作为一种广义意义上的制度结构，预算反映一个国家的年度或中长期的政策，通过预算的准备、编制、审查、执行、监督向公众说明、实施并评价政策效果，而公众的日常生活也会受到预算的影响。毫不夸张地说，一个国家的治理能力的高低，在很大程度上取决于国家的预算能力。

从英、美等西方国家的实践看，预算机构最初只是政府财政的会计机构。进入 19 世纪之后，随着预算问责要求越来越强烈，预算机构开始向议会报告政府财政状况。自 19 世纪中期开始至第二次世界大战结束的这段时期，预算机构逐步演变为公共资金的控制者。自 20 世纪中期至今，预算机构除承担传统的资源配置及预算角色外，开始承担政策审查和制定的角色，成为公共资金的看守者，权力和责任越来越大。200 余年以来，预算机构始终是一个居于核心地位的强有力机构，甚至拥有介入其他部门的政策特权，影响和决定政策的方向与具体举措的选择，成为塑造国家治理的重要利器。有什么样的预算，就有什么样的国家。

二、中国式现代化的预算议题

党的十八届三中全会迄今，政府预算动手最早、力度最大，是新时代现代财政制度改革推进最快、成效最显著的领域。然而，也应看到，我国现代预算制度的全面建成仍然在路上，不少问题尚待解决，涉及中央与地方、财政与部门、政府与市场、国家与社会等诸多领域，绝不仅是财政部门一家的事，需要从国家层面采取综合性措施，谋划预算现代化的更大进步。

（一）巩固和完善中国式预算现代化制度模式

西方国家的预算制度模式并不适合我国国情，照抄照搬国外预算理论解决不了我国面临的预算问题。英、美等国家的政治体制建立在分权制衡的框架上，预算审查、执行和监督中充斥着政治党派的私利，国家公义和人民公利被抛弃、伤害甚至践踏并不少见。我国的政治制度与西方国家存在着根本性差异，在中国共产党的领导下，始终坚持以人民为中心，一切依靠人民，一切为了人民，预算的准备、编制、审查批准、执行、评价、问责、监督等工作是党领导下的国家政治生活中的大事要事，是保障预算服务于国家与人民利益的重要制度安排，走出了不同于西方的中国式预算现代化之路。展望未来，在客观分析我国政府预算管理取得的历史性成就基础上，还需要运用经济学、政治学、管理学、社会学等多维度的理论认识，巩固和完善中国式预算现代化制度模式，释放更大的预算治理效能。

（二）推动预算权力配置更加科学高效

从形式上看，预算权力配置大致可分为集中型和分散型两种类型。依据交易费用理论，分散型预算权力配置体系具有简便易操作的优点，在预算现代化的初始和早期阶段得到普遍应用，但也带来预算权力分散、弱化财经纪律、降低预算绩效等缺陷，并不断抬高预算管理与协调成本。从我国实际情况看，预算权力配置坚持党的集中统一领导，具有集中型的典型特征，但在具体管理执行中又呈现预算权力分散化的状态，存在一定程度、诸多层面被肢解的现象。部分具有二次分配权的部门或机构，维护并固化部门或机构的预算利益，威胁或损害预算的完整性、准确性和统一性。政出多门、财政资金和政策"碎片化"，资金安排使用上重复、脱节和沉淀问题并存，给国家长治久安带来不利影响。这都需要从根本上全面坚持党的集中统一领导，从法律制度上科学配置立法权、行政权、管理权、问责权、监督权等各项各层面的预算权力，在具体管理执行活动中维护预算权力的集中统一，为提升资源配置效率和预算治理效能提供根本保障。

（三）坚定预算善治的发展方向

好的预算程序，是预算善治的灵魂。通常认为，一个好的预算程序形成的预算结果就是正确的，一个好的预算程序形成的预算决策就是合法和合理的。好的预算程序包括预算周期的各个步骤，决定了预算过程中参与者的角色和相互之间的关系，规定了如何完成各项任务，需要什么样的信息以及行动期限等。事实上，好的预算程序并不能完全确保得到好的预算结果，但有缺陷的预算程序一定不会有好的预算结果。经过 20 余年持续不懈的努力，我国预算管理已经从重视结果的改革阶段迈入重视程序的改革阶段。以预算报告为例，虽然近年预算编制越来越细化，呈现的信息越来越多，但汲取、分配、使用、管理财政资源的预算程序和过程仍然有诸多待完善之处。预算报告得票率的构成，不仅包括预算报告本身，还包括预算的准备、编制、审查、执行、决算、监督、问责全过程是否遵循了恰当的程序，政府部门和财政部门对人大议案的反应、处理是否及时妥当，以及公众对预算管理现状与改革预期是否满意等。因此，在当前和未来一段时期，着重完善预算程序，朝着法治化、科学化、透明化的方向不懈努力。只有让公众看到政府预算始终遵循法定科学正当的程序，将从社会汲取的财政资源有效配置在公众最需要的领域，才能真正增进国家与公共利益，最终实现政府预算善治。

主要参考文献

［1］阿尔弗雷德·D. 钱德勒：《信息改变了美国：驱动国家转型的力量》，上海远东出版社 2008 年版。

［2］爱伦·鲁宾：《公共预算中的政治：收入与支出，借贷与平衡》，中国人民大学出版社 2001 年版。

［3］艾伦·希克：《联邦预算——政治、政策、过程》，中国财政经济出版社 2011 年版。

［4］白津夫、葛红玲：《央行数字货币理论、实践与影响》，中信出版集团 2021 年版。

［5］财政部：《党和国家领导人论财政》，经济科学出版社 2002 年版。

［6］财政部条法司：《中华人民共和国预算法实施条例解读》，经济科学出版社 2021 年版。

［7］樊丽明，等：《中国政府预算改革发展年度报告 2019：聚焦中国人大预算监督改革》，中国财政经济出版社 2020 年版。

［8］国际货币基金组织：《财政透明度》，人民出版社 2001 年版。

［9］经济合作与发展组织：《比较预算》，人民出版社 2001 年版。

［10］马寅初：《财政学与中国财政：理论与现实》，商务印书馆 2001 年版。

［11］马骏、赵早早：《公共预算：比较研究》，中央编译出版社 2011 年版。

［12］全国人民代表大会常务委员会预算工作委员会预决算审查室编：《历届全国人民代表大会及其常务委员会审查通过的预决算文件集》（第一届—第六届），中国财政经济出版社2002年版。

［13］孙克姆·霍姆斯：《公共支出管理手册》，经济管理出版社2002年版。

［14］上海交通大学钱学森研究中心：《智慧的钥匙：钱学森论系统科学》，上海交通大学出版社2005年版。

［15］托马斯·林奇：《美国公共预算》（第四版），中国财政经济出版社2002年版。

［16］王则柯：《信息经济学平话》，北京大学出版社2006年版。

［17］王绍光：《美国进步时代的启示》，中国财政经济出版社2003年版。

［18］邬焜：《信息哲学：理论、体系、方法》，商务印书馆2005年版。

［19］维克托·迈尔－舍恩伯格、肯尼思·库克耶：《大数据时代》，浙江人民出版社2013年版。

［20］威尔逊：《国会政体》，商务印书馆1985年版。

［21］詹姆斯·布坎南：《民主财政论》，商务印书馆1993年版。

［22］张通：《中国公共支出管理与改革》，经济科学出版社2010年版。

［23］朱嘉明、李晓：《数字货币蓝皮书》，中国工人出版社2021年版。

［24］Barrdear J and Kumhof M, "The macroeconomics of central bank digital currencies", Journal of Economic Dynamics and Control, Vol. 11, 2021.

[25] Beniak P, "Central bank digital currency and monetary policy: a literature review", MPRA Paper, No. 96663, 2019.

[26] Berentsen A and Schar F, "The Case for Central Bank Electronic Money and the Non – Case for Central Bank Cryptocurrencies", Review, 2018.

[27] Bill Dorotinsky, "Budget Execution: Overview", The World Bank, 2003.

[28] Cangiano, M., Gelb, A. and Goodwin – Groen, R, "Chapter 12. Integration of Government Digitalization and Public Financial Management—Initial Evidence", in International Monetary Fund, eds: Digital Revolutions in Public Finance, IMF, 2017.

[29] Codruta Boar and Andreas Wehrli, "Ready, steady, go? – Results of the third BIS survey on central bank digital currency", BIS Working Paper, No. 114, 2021.

[30] Demmou L. and Q. Sagot, "Central Bank Digital Currencies and payments: A review of domestic and international implications", OECD Economics Department Working Papers, No. 1655, 2021.

[31] Douglas Addison. "The Quality of Budget Execution and Its Correlates", The World Bank, 2013.

[32] Francesca Carapella and Jean Flemming, "Central Bank Digital Currency: A Literature Review", FEDS Notes. Washington: Board of Governors of the Federal Reserve System, November 09, 2020.

[33] Giaglis, G., Dionysopoulos, L., Charalambous, M., Kostopoulos, N. and Slapnik, T, "Central Bank Digital Currencies and a Euro for the Future", European Union Blockchain Observatory

and Forum, 2021.

[34] Hendrickson, J. R. and J. Park, "The case against eliminating large denomination bills", Journal of Macroeconomics, Vol. 68, 2021.

[35] James V. Saturno, "Appropriations Subcommittee Structure: History of Changes from 1920 to 2007", CRS Report for Congress, Order Code RL31572, January 31, 2007.

[36] Viñuela C, Sapena J and Wandosell G, "The Future of Money and the Central Bank Digital Currency Dilemma", Sustainability, Vol. 12, 2020.

后　记

自 2000 年以来，笔者持续跟踪研究政府预算管理与改革，目睹了我国推行部门预算、国库集中收付、政府采购、"收支两条线"管理、财政资金绩效评价、预算绩效管理等改革带来的深刻变化，以及在新时代建立现代预算制度的进程中取得的历史性成就，主持、主笔和参与了数十项政府预算理论、制度、政策、管理等方面的研究项目，深入到有关中央部门、省市县政府、地方财政厅局以及诸多预算单位进行调研座谈，坚持理论联系实际，撰写了数十篇大大小小的研究报告、工作论文或专业文章。本书就是在梳理过去 20 多年科研成果的基础上，紧紧围绕新时代十年政府预算管理发生的历史性变化，编撰而成的具有一定体系性、理论性、政策性的学术著作，是对我国预算现代化进程的回顾与记忆，也是对全面实现预算现代化的前瞻与期盼。

感谢我的硕士研究生导师张通老师在 2000 年秋天将我带入政府预算、国库管理这个充满变革活力、蕴含无尽魅力的全新领域；感谢我的博士生导师鲁昕老师在 2005 年秋天为我指明财政制度现代化这个影响社会福祉、决定国家兴衰的重点研究方向。多年以后，即便是在获得正研究员职称之后，我始终未敢忘怀两位导师的指导、嘱托，这是我持续深入研究预算现代化命题的不竭动力。感谢我的同事于雯杰、景婉博、孙维、陈旭、杨晓雯博士，她（他）们参与了部分课题的调研与报告撰写工作，相关章节的内容也有她（他）们的智慧和贡献。感谢我指导的硕士研究生秦绍峰、辜登峰、王琳、赵陈怡，刘乐冰、郭尽美、罗姗、张恩权，她（他）们延续着我对政府预算的兴趣和爱好，参与到我主持主笔的政府预算课题研究中，撰写了政府预算管理领域的硕士学位论文，为我的学术研究注入了新素材新观察新能量。

风华正茂二十载，砥砺奋进续华章。我追随着伟大祖国预算现代化的历史步伐，投入到预算管理实践一线去观察、思考、研究和写作，感触良多。将自己的学识见解分享给更多的同行人，是人生一大乐事，又恐贻笑大方，由于个人水平有限，书中难免有疏漏之处，个人的观点也不一定正确，敬请广大读者批评指正。

马洪范

2024 年 3 月于北京新知大厦

作者已出版的相关学术著作

[1]《统筹管理与财政信息化》，经济科学出版社 2007 年版。

[2]《绩效预算信息论》，经济科学出版社 2008 年版。

[3]《广东南海模式与建立中国式绩效预算》，中国财政经济出版社 2010 年版（合著）。

[4]《国库现金管理：理论与政策》，经济科学出版社 2014 年版。

[5]《现代财政制度："四化一知"的国家选择》，经济科学出版社 2014 年版。

[6]《部分国家中期预算制度》，中国财政经济出版社 2016 年版（合著）。

[7]《世界主要国家财政运行报告》，经济科学出版社 2017 年版（合著）。

[8]《建立全过程预算绩效管理体系》，经济科学出版社 2018 年版。

[9]《政府预算报告的国际经验与借鉴》，中国财政经济出版社 2018 年版（合著）。

[10]《新中国财政史》，人民出版社 2022 年版（合著）。